CCC 순모임 교재 : 크루닷컴4

CRU.COMM 4

삶은 섬김으로 풍성해진다

CRU.COMM 4_섬김

2008년 1월 1일 초판 1쇄 발행
2018년 3월 9일 개정판 1쇄 발행
2025년 9월 30일 개정판 3쇄 발행

지은이 : CCC MRD
펴낸곳 : 순출판사
편집디자인 : 정지연(MediaStint 9th)
일러스트 : 정지연
표지디자인 : 김혜령 (VLM)

등록번호 제2020-000159호

주소 : 서울시 종로구 백석동 1가길 2-8
전화 : 02-722-6931~2 팩스 02-722-6933
홈페이지 : www.soonbook.co.kr

ISBN 978-89-389-0319-8

값 5,000원

삶은 섬김으로 풍성해진다

발간사

지금 우리가 살고 있는 세상은 상상할 수 없을 만큼 빠르게 변하고 있습니다. 그리스의 변혁의 철학자 헤라클리투스(Heraclitus)는 "어느 누구도 같은 강물에 발을 두 번 담글 수 없다. 두 번째 발을 담글 때는 처음 물이 이미 흘러가버렸기 때문이다"라고 말했습니다. 이 말은 우리 시대의 크고 빠른 변화 속에서 더욱 의미심장하게 들립니다. 세상을 이끌어나가고 변화시켜야 할 사명을 가진 그리스도인들이 변화를 주도하고 세상을 이끌기보다는 도리어 세상의 빠른 변화를 따라가지 못해 허우적거리고 있는 것은 아닌가 하는 안타까움을 가집니다.

변화는 우리가 지금 하고 있는 모든 것을 돌아보고 평가하게 합니다. 하나님의 말씀은 영원불변하지만 말씀이 제시되는 방법은 시대와 문화와 사람들의 필요에 따라 변해야 합니다. 영원히 변치 않는 말씀이라도 시대에 맞는 새로운 옷을 입는 것이 필요합니다.

세상의 변화와 도전에 대응해 온 CCC는 이번에 성경 본문에 근거해 성경을 공부할 수 있는 새로운 순모임 교재를 만들었습니다. 이 성경공부 교재는 이전의 주제 중심의 교재와는 달리 신앙 성장의 주요 주제를 따라가지만 성경 본문을 중심으로 공부할 수 있도록 만들어 통합적 접근을 하고 있습니다. 또한 함께 공부하는 사람들이 서로 생각을 나누고 토의하고 배운 것을 각자의 삶에 적용하게 함으로 교수자 중심에서 학습자 중심으로 바뀌었습니다.

앨빈 토플러(Alvin Toffler)가 지적한 대로 지금은 "탈대중화"(Demassification)

시대로 전환되고 있습니다. 이런 흐름이 교회에 어떻게 적용될지 예측하기는 어렵지만, 분명한 것은 모든 것이 첨단화되고 정보화되는 하이테크(High-Tech)시대에 사람 사는 냄새가 나고 마음과 마음이 통하며 나의 아픔과 기쁨을 함께 나누고 무거운 짐은 같이 들어주는 하이터치(High-Touch)의 소규모 모임들이 앞으로 더욱 발전하지 않을까 예상해봅니다.

사실, 교회와 선교단체 안에 이미 셀, 순, 속회, 목장, 구역, 다락방 등의 작은 모임들이 세포처럼 형성되어 있습니다. CCC에도 "순"이라는 소그룹이 전국 각 대학에 형성되어 있어 저희가 지향하는 영적 운동의 기초가 되고 있습니다. 이런 작은 모임들의 건강한 성장과 확산이 하나님 나라를 위한 영적 운동의 뿌리라면, 이 그룹들이 하나님의 말씀으로 무장하여 이 땅에 하나님 나라가 임하게 하는 일에 헌신하도록 도와주어야 합니다.

이 성경공부 교재를 사용하는 교회와 선교단체의 모든 소그룹들이 하나님의 말씀을 깊이 깨닫고 이를 각자의 삶에 적용할 뿐 아니라 서로 신뢰하고 사랑하며 삶과 사역을 함께 나누므로 지성과 영성은 물론 원만한 인격과 건강한 대인관계를 배우는 영적 훈련의 장이 되기를 소원합니다. 또한 소그룹에 참여한 사람들이 다른 사람들의 삶을 변화시키며 나아가 세상을 변화시키는 귀한 일군들이 되기를 소원합니다.

CCC 대표

박성민 목사

감사의 글

Cru.Comm 시리즈 네 권, 『삶은 만남으로 시작한다』『삶은 동행으로 힘을 얻는다』『삶은 헌신으로 성숙해진다』『삶은 섬김으로 풍성해진다』를 완간하게 하신 하나님께 감사와 영광을 돌립니다.

이 책을 만드는 일에 여러 사람이 참여하여 함께 수고한 것에 감사를 전하기 원합니다. MRD에서 함께 작업한 이기순, 김형곤, 정기환, 조미연, 김문수, 김백합 간사님께 감사드립니다. 1권부터 같이 작업했지만 아기를 출산하여 3권까지 함께 했던 김보라 간사님께 감사드립니다. 특히 김보라, 김백합 간사님은 우리가 나눈 이야기들을 요약정리하고 기록하는 MRD의 "알파고"와 같은 역할로 수고해주신 것에 감사드립니다. 네 권 중 일부 작업에 참여하신 정미아, 김시온, 강영희, 곽명화 간사님께도 감사드립니다.

또한 1차로 만들어진 교재를 현장에서 학생들과 순모임을 진행하여 내용에 대한 자세한 피드백을 해줌으로 유용한 교재가 되도록 도움을 주신 주은진, 육중한, 김현지, 최은영, 최성호 간사님과 그 외에 피드백에 참여해주신 여러 간사님들께도 감사를 전합니다.

그리고 이 책의 디자인과 삽화 등을 맡아 수고해주신 VLM의 오경수, 김혜령, 박금비 간사님과 정지연 순장님께 감사드립니다.

무엇보다 책들의 제목과 표지 디자인에 조언을 주시고 필요한 내용의 아티클을 써주신 김윤희 교수님과 이 책이 완간되기까지 기도와 인내로 지지해 주시고 도움을 주신 박성민 목사님께 감사를 드립니다.

이 책을 만드는 데 여러 사람이 참여했지만, 우리 모두 이 교재를 사용하는 순모임마다 주님의 지상명령 성취를 돕는 신실한 제자들이 세워지기를 바라는 한 마음으로 책을 만들었습니다. 우리의 마음을 받으시고 이 일을 이루실 하나님을 찬양하며 다시 한 번 하나님께 감사와 영광을 돌립니다.

CCC MRD 책임간사

문 은 미

CRU.COMM
개정판

Cru.Comm(크루닷컴)은 미국 CCC의 학원 사역팀에서 개발한 청년 소그룹 성경공부 교재이다. 이 교재는 대학생들이 캠퍼스 생활을 하는 4년 동안 기본적으로 배우고 알아야 할 신앙의 영역들을 정리하고, 그 영역과 관련된 주제를 다루는 성경을 선택했다. 주제와 함께 성경 본문의 내용을 충실히 공부할 수 있도록 구성함으로 주제와 본문 중심의 통합적 성경연구 교재이다.

한국 CCC는 이 교재를 전도, 육성, 파송의 단계별로 『예수님과의 만남』, 『예수님과의 동행』, 『예수님께의 헌신』, 『예수님을 섬김』의 4권으로 구성해 2007년 시험판, 2008년 초판을 발행하여 사용해 왔다. 이번 2016년 개정판은 한국 대학생들의 변화된 상황을 고려해 더 쉽고 간결하게 본문과 주제를 다룰 수 있도록 보강하여 『삶은 만남으로 시작한다』, 『삶은 동행으로 힘을 얻는다』, 『삶은 헌신으로 성숙해진다』, 『삶은 섬김으로 풍성해진다』는 제목으로 발행하게 되었다.

Cru.Comm은 CCC 내의 소그룹 모임(순모임)은 물론 교회나 선교단체, 각종 기독교 동아리 등의 청년 대학생 성경공부 모임에 유용하게 사용할 수 있다. 이 교재는 청년들이 말씀을 통한 신앙의 성숙은 물론 실제 삶 속에서 주님의 제자로 살아갈 수 있도록 도울 것이다.

Cru.Comm은 Crusade Communities의 줄임말이다.

CRU.COMM 교재의 장점

1. 성경 한 권 전체를 조망해서 특정 주제를 공부함으로 그 주제는 물론 성경을 입체적이고 종합적으로 이해할 수 있다.
2. 각 과의 내용은 참여자들의 생각과 의견을 충분히 반영할 수 있는 열린 질문을 통해 학습자 중심으로 성경을 공부하게 한다.
3. 성경 공부에서 배운 원리들을 삶에서 실천할 수 있도록 적용 질문을 두어 구체적인 삶의 변화가 일어나게 한다.
4. 각 과의 아티클은 그 과의 주제를 더 깊이 깨닫고 관련된 영역의 지식을 깊게 한다.
5. 하나님의 말씀을 삶의 근간으로 하는 성령 충만한 청년 대학생을 키워냄으로 캠퍼스와 직장에서 영적 운동을 일으키며 지상명령 성취를 돕는다.

CRU.COMM 단계별 소개

만남

그리스도를 만난 사람이 구원의 확신을 가진 후, 그리스도인의 성장에 필요한 기본 영역들을 배우고 훈련한다.

동행

지속적으로 하나님과 동행하며 제자로서 성장하기 위해 필요한 자질을 배우고, 다른 사람들에게 자신의 신앙을 전하며 제자들을 육성한다.

헌신

공동체의 리더로서 필요한 자질을 배우며 성경 속에 나타난 하나님의 구속 계획을 이해하여 구속 역사 속에서 자신의 역할이 무엇인지 깨닫고 헌신한다.

섬김

그리스도의 제자로 세상에 파송되어 자신의 전문 영역 속에서 세상을 변화시키는 일에 헌신함으로 지속적으로 지상명령 성취를 돕는다.

| 목차 |

야고보서 개관

저　자 | 이 서신은 "하나님과 주 예수 그리스도의 종 야고보"(1:1)에 의해 기록되었다. 저자가 "흩어져 있는" 여러 교회들에게 편지를 보낸 것으로 보아 당시 그리스도인들이 잘 알고 있는 사람임을 알 수 있다. 신약 성경에는 4명의 야고보가 나오는데 그 중 예수님의 동생이며 초대 교회 지도자였던 야고보를 이 서신의 저자로 본다. 그는 예수님의 공생애 중에는 예수님을 믿지 않았으나(요 7:5) 예수님이 부활하신 후에 믿은 것으로 보이며(고전 15:7), 그 후 예루살렘 교회에서 기둥 같은 역할을 했고(갈 2:9), 이방인 할례 문제로 모인 예루살렘 회의(사도행전 15장)를 주재했다.

수신자 | 이 서신은 특정한 사람이나 교회에 보낸 서신이 아니기 때문에 공동서신이라고 불린다. 이 서신의 수신자는 스데반의 순교 이후 유대인들의 핍박을 피해 로마제국의 여러 지역으로 흩어진 유대인 그리스도인들이라고 본다. 이 서신이 구약 성경을 많이 언급하고, 모임 장소를 회당이라고 하며(2:2), 팔레스타인의 지역적 특징(3:12; 5:7 등)을 묘사하고 있기 때문이다.

수신자들은 여러 가지 고난을 겪고 있었다.

첫째, 유대인들로부터 종교적 핍박을 받았다. 스데반 순교 이후 흩어진 성도들은 여전히 유대인들의 핍박을 받았다.

둘째, 로마제국으로부터 정치적인 핍박을 받았다. 사도행전 12장에서 헤롯에 의해 사도 야고보가 죽임을 당하고, 베드로가 옥에 갇힌 것을 볼 때 당시 그리스도인들이 로마제국으로

부터 핍박을 받았음을 알 수 있다.

셋째, 신앙을 지키기 위해 흩어져 살던 그리스도인들은 큰 경제적인 어려움을 겪었다. 글라우디오 황제 때에는 큰 흉년이 들어서 바나바와 바울이 유다 땅에 사는 그리스도인들을 위해 모금하기도 했다(행 11:28~30).

기록 연대

본 서신서의 저자를 주의 형제 야고보라고 본다면 기록 연대는 A.D. 62년 이전이어야 한다. 역사가 요세푸스의 기록에 의하면 주의 형제 야고보는 A.D. 62년에 순교했기 때문이다. A.D. 62년 이전으로 볼 때, 두 가지 견해가 있다. 이방인의 할례 문제를 다룬 매우 중요한 예루살렘 회의(A.D. 49년)의 내용에 대한 언급이 없는 점 등으로 보아 본 서신서의 기록 연대를 A.D. 45~48년으로 보는 견해가 있다. 또 다른 견해는 혼란한 경제상황(5:1~6), 바울 서신과의 연관성, 교회의 도덕적 타락, 그리고 임박한 재림 신앙의 약화 등을 근거로 60년대 초 야고보가 순교하기 직전에 기록했다고 주장한다.

기록 목적

이 서신은 고난 가운데 살아가던 성도들이 주님의 재림을 소망하며 믿음으로 인내하고 말씀에 순종하는 경건한 삶을 살도록 권면하기 위해 기록되었다. 야고보는 특별히 당시 성도들이 직면한 문제들을 염두에 두고 경건한 삶은 절제된 언어생활을 하고, 약자를 돌아보는 사회적 책임을 다하며, 세속에 물들지 않도록 자신을 지키는 것이라고 말한다.

바울과의 조화

바울은 오직 믿음으로 의롭게 된다고 강조했다(롬 1:17; 3:28). 야고보는 믿음만이 아닌 행함으로 의롭게 된다고 주장했다(약 2:24). 이 둘 사이에 모순이 있어 보이지만 둘 다 행함과 믿음이 분리될 수 없다는 입장에서 동일하다. 바울이 말하는 믿음은 사랑으로 행하는 믿음(갈 5:6)이며, 야고보가 말하는 행함은 믿음이 전제된 행함(약 2:22~23)이기 때문에 둘의 주장은 모순되지 않는다.

구 조

Ⅰ. 믿음의 시련(1:1~18)
Ⅱ. 말씀을 들음과 행함(1:19~27)
Ⅲ. 차별의 문제(2:1~13)
Ⅳ. 행함이 없는 믿음(2:14~26)
Ⅴ. 공동체 안의 다툼(3:1~4:12)
Ⅵ. 불의한 부자(4:13~5:12)
Ⅶ. 믿음의 기도와 맺는 말(5:13~20)

BUILDING SPIRITUAL MOVEMENTS EVERYWHERE

01

믿음의 시련

(야고보서 1:1~18)

그리스도인은 믿음의 시련을 통해 온전해진다.
이 과에서는 시험을 이겨냈을 때의 유익과
시험에서 넘어지는 원인을 살펴보게 된다.

도입 | 최근에 당신 주변에 어려움을 당한 사람이 있는가? 그 사람은 그 어려움에 어떻게 반응했는가?

시험을 통한 성숙

1. 시험을 당할 때 사람들은 슬퍼하거나 낙심하기 쉽다. 야고보는 시험을 당할 때 어떻게 하라고 권면하는가? 그 이유는 무엇인가? (2~4절)

그리스도인이 받는 시험

* 여러 가지 시험(2절): 시험으로 번역된 헬라어 '페이라스모스'는 우리에게 다가오는 모든 종류의 어려움을 말하지만, 우리의 반응에 따라 다른 의미를 가진 단어로 표현된다. 이 단어는 어려움을 당할 때 믿음으로 반응하면 결과적으로 그리스도인의 믿음을 강화하는 '시련(trial)'이라는 의미로 사용되지만(12절), 욕심에 이끌리는 경우에는 '유혹(temptation)'이라는 의미로 사용된다(13~14절).
* 시련(3, 12절): 시련으로 번역된 헬라어 '도키미온'은 제련을 통해 순수한 금만을 구별하듯 고난을 통해 믿음이 견고하게 되는 과정을 의미한다.
* 온전하다(4, 17절): 인격과 신앙의 성숙함을 의미하며 시험을 견뎌낸 후 그리스도를 닮아 온전해지는 것을 말한다.

2. 야고보는 시험을 당한 성도들에게 하나님께 지혜를 구하라고 말한다. 시험을 당했을 때 지혜를 구하는 것이 왜 중요하며 어떻게 구해야 하는가? (5~8절)

* 지혜(5절): 시험을 당한 상황에서 하나님의 뜻을 깨닫고 분별하여 인내하도록 돕는 통찰력으로, 지식이나 지적 능력 이상을 의미한다.
* 정함이 없다(8절): 불안정하고 변덕스럽다는 의미이다.

3. 당시 교회 안에서 빈부의 문제로 시험에 드는 성도들이 있었던 것으로 보인다. 야고보는 낮은 자와 부한 자에게 어떤 관점으로 자신이 처한 상황을 바라보라고 권면하는가? (9~11절)

시험에서 넘어지는 이유

4. 최근에 당신은 죄의 유혹을 느낀 적이 있는가? 유혹을 받을 때 죄를 짓지 않기 위해 당신이 할 수 있는 일은 무엇인가?

5. 우리가 시험을 당할 때 넘어지고 죄를 짓는 이유는 무엇인가? 미혹되었을 때 어떤 결과를 낳는가? (12~15절)

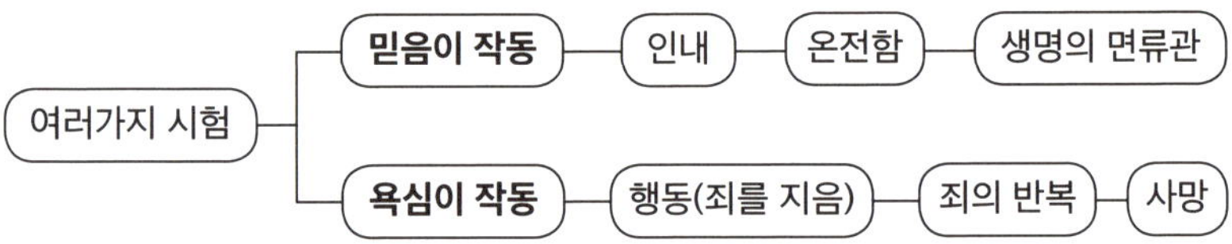

* 생명의 면류관(12절): 시련을 견뎌내고 믿음의 경주에서 승리한 그리스도인들이 상급으로 영원한 생명을 받는 것을 비유한다(계 2:10).
* 미혹(14절): 원어의 의미는 미끼로 꾀는 것을 말하며 죄를 짓도록 유혹하는 것이다.
* 사망(15절): 죄의 결과로 하나님과 영원히 분리되는 영적인 사망을 말한다(롬 6:23). 그리스도인들은 사망에서 건짐을 받았기 때문에(고후 1:10) 하나님과 분리되지 않는다. 그러나 그리스도인이라고 하면서도 성령의 음성을 무시하고 지속적으로 욕심에 이끌려 죄를 짓는다면 그는 진정한 그리스도인이 아닐 수 있으며 영적인 사망에 이를 수 있다.

6. 야고보는 하나님이 어느 누구도 시험하시지 않는다고 강조하며 하나님이 어떤 분이라고 말하는가? (16~18절)

* 회전하는 그림자(17절): 태양빛의 변화로 생기는 사물의 그림자를 가리킨다. 회전하는 그림자도 없다는 것은 모든 것이 변한다 할지라도 하나님의 성품과 뜻은 변함이 없음을 의미한다.
* 첫 열매(18절): 그리스도를 통해 구원받은 초대교회 성도들을 말한다. 신약에서는 한 지역에서 처음 믿은 신자들에게 이 명칭을 붙였다(롬 16:5; 고전 16:15).

적용 | 당신이 현재 겪고 있는 어려움은 무엇인가? 어려움을 성장의 기회로 삼기 위해 당신이 할 수 있는 것은 무엇인가?

결론 | 야고보는 시험이 우리를 온전하게 하므로 시험을 기쁘게 여기라고 권면한다. 그리스도인은 여러 가지 시험을 당할 때 욕심에 이끌려 넘어지지 말고 믿음으로 인내하여 온전함을 이루어야 한다.

세상에서 제자로 살아가기 #1

졸업 이후 당신이 만나게 될 시험에는 어떤 것이 있을지 나눠보라. 직장에 다니는 그리스도인에게 연락하여 그들이 당하는 시험과 그것을 이겨낼 수 있는 방법에 대해 질문하라.

Article

01

시련의 유익

릭 제임스(Rick James)

인격의 성숙을 위해 하나님이 은혜로 주시는 시련에는 삶을 변화시키는 큰 능력이 있다. 만일 시련에 그런 능력이 있다는 것을 그리스도인들이 알기만 한다면 대부분의 그리스도인들은 시련을 잘 견뎌낼 것이라고 생각한다. 문제는 우리가 시련을 당하게 되면 그것을 알아보지 못하고 시련으로부터 도망치려고 한다는 것이다. 나는 시련이 변장된 모습으로 찾아오기 때문에 우리가 그것을 알아보지 못하고 삶을 변화시키는 능력을 받지 못한다고 생각한다.

영적이지 않은 것으로의 변장

과격한 무신론자들이 당신의 집에 침입하여 당신을 묶고 신앙을 포기하지 않으면 죽이겠다고 위협을 해야만 당신은 시련에 빠졌다고 생각할 수도 있다. 그러나 시련은 항상 그런 영적인 상황에서만 오는 것이 아니다. 시련은 종종 생활환경, 인간관계, 건강문제, 자신의 부족함이나 무능력함을 느끼는 영역 속에서 우리가 겪는 어려움들을 통해 온다.

베드로전서 1:6과 야고보서 1:2은 “여러 가지 시험”에 대해 말한다. 시험이 길 수도 있고 짧을 수도 있으며, 정서적, 신체적, 정신적, 환경적인 면에서 올 수도 있고 그 어려움의 정도도 다양하다. 이처럼 시험은 다양한 형태와 크기로 다가오며 항상 ‘영적 포장지’에 싸여 오는 것만은 아니다. 만일 어려움이나 어쩔 수 없는 상황에 빠져 고민을 하게 되거든 시험 가운데 있다고 여기라. 그것은 우연한 것이 아니고 하나님이 허락하신 것이며 당신의 영적 성장에 유익을 줄 수 있는 것이다.

장애물로의 변장

대부분의 시험은 겉으로는 경건한 삶을 살지 못하게 하는 장애물로 보인다. 그러나 사실은 시험이 장애물이 아니라 우리의 목표를 이루도록 촉진시키는 연료이다. 간혹 우리가 그리스도인으로서 더 경건한 삶을 살기 위해 기도할 때 세상이 우리를 더 옥죄어 오는 것을 보고 우리는 좌절할 수 있다. 그러나 이러한 시련은 우리의 신앙을 일시적으로 퇴보시키는 것처럼 보이지만, 궁극적으로는 우리가 목적지를 향해 가는 데 필요한 연료를 공급해준다는 것을 알아야 한다. 시련은 우리가 삶 속에서 드러내려고 노력했던 표면적 행동의 변화를 뛰어넘어 삶의 열정, 인내, 인격의 변화를 이루게 해준다. 하나님은 때때로 더 경건해지기 원하는 우리의 기도에 좋은 환경이 아니라 시험을 주시는 것으로 응답하신다. 시험이 결국 경건을 이루도록 돕기 때문이다.

우연으로의 변장

베드로전서 1:6은 “그러므로 너희가 이제 여러 가지 시험으로 말미암아 잠깐 근심하게 되지 않을 수 없으나”라고 말한다. 여기서 ‘시험 때문에 근심하게 되지 않을 수 없었다'는 '시험으로 근심하는 것이 필요할 수 있었다'로 번역할 수 있다. 이 구절은 시험의 배후에 어떤 의도와 계획이 있다는 것을 말해준다. 하나님께서 당신의 삶을 살펴보시고 영적 성장을 위해 당신이 시험을 통과해야 할 필요가 있다고 판단하신 것이라는 뜻이다. 그리스도인들이 종종 시험을 인내로 견디지 못하고 실패하는 이유는 시험이 우연히 일어난 것이며 의미나 유익도 없다고 생각하기 때문이다.

병원에 있는 환자의 가족들이나 친구들은 환자에게 흔히 "모든 게 다 잘 될 거야." 또는 "구름 뒤에는 맑은 하늘이 있다"는 말을 할 것이다. 병든 사람들에게는 희망이 필요하기 때문에 그들을 사랑하는 사람들은 고통에는 목적이 있다고 설명함으로써 희망을 주려고 한다. 불행히도 하나님이 없이는 이런 대화는 상투적인 위로일 수밖에 없다. 왜냐하면 그들의 고통에 긍정적인 목적이 있다는 것에 대한 보장이 없기 때문이다. 그러나 그리스도인에게는 어떤 시험도 계획 없이 우연히 일어나지 않기 때문에 언제나 소망이 있다. 그리스도인에게는 절대로 우연은 없다. 그들이 겪는 모든 고통과 시험의 목적은 구속이며 그들의 삶 속에서 겪는 모든 것은 하나님이 허락하신 것들이다.

하나님의 진노로의 변장

시련을 당할 때 가장 힘든 것은 우리가 무엇인가 잘못을 저질러서 또는 하나님이 우리에게 화가 나셔서 어려움을 겪는다고 생각하는 것이다. 히브리서 저자는 시련을 하나님이 우리에게 주시는 사랑의 징계로 여기라고 말한다. 또한 시험은 하나님이 우리를 그의 자녀로 인정하시는 표시라고 말한다. 히브리서 저자는 하나님이 우리를 징계하시는 것은 분노가 아니라 사랑의 마음에서, '우리의 유익을 위하여 그의 거룩하심에 참여하게 하기' 위함이라고 말한다(히 12:10). 대부분의 경우 시험은 우리가 영적으로 잘하고 있다는 표시이다. 시험은 하나님이 우리를 인정하시는 표시이지 거절의 표시가 아니다. 시험은 우리가 무언가 잘못했기 때문이 아니라 옳은 일을 하고 있기 때문에 또는 옳은 일을 하기 원하기 때문에 오는 것이다. 하나님이 자신에게 노하셨다고 느끼기 때문에 그리스도인들이 얼마나 자주 시련 속에 낙심하게 되는가!

시험을 기쁘게 여기라고?

야고보서 1:2은 "너희가 여러 가지 시험을 만나거든 온전히 기쁘게 여기라"고 말한다. 우리는 이 장애물들을 어떻게 "온전히 기쁘게" 여길 수 있는지를 생각해 보아야 한다. 시험은 모두 하나님께서 허락하신 것이며, 임의로 아무렇게나 오는 것이 아니다. 시험은 우리를 성숙시키고자 하는 하나님의 의도가 있으며, 하나님이 우리를 인정한다는 표시이며 우리가 하나님의 자녀라는 표지이다.

시험을 축복으로 여겨야 하지만 그렇다고 우리가 그 시험을 견딜 때 항상 기뻐해야 한다는 것은 아니다. 때로는 성공적으로 시험을 잘 견뎌내고도 기쁘기보다는 실패했다는 느낌이 들 때도 있다. 시험이 축복이라는 것을 아는 것은 기쁜 일이지만 항상 기쁠 수만은 없다. 기쁘게 여기라는 것은 힘든 환경 속에서도 만족과 자유를 누리라는 것이다. 하나님이 시험을 허락하셨고, 그것은 우리의 유익을 위한 것이며, 하나님이 우리를 인정하신다는 표시라는 것을 알 때에만 시험을 겪는 중에도 기쁨을 경험할 수 있다.

시험은 나를 어떻게 변화시키는가?

베드로전서 1:6~7은 하나님이 시험의 상황 속에서 우리를 어떻게 변화시키시는지를 역동적으로 묘사한다. 베드로는 금을 뜨겁게 달궈서 불순물을 표면으로 떠오르게 하여 이를 제거하고 순금을 얻어내는 금의 제련 과정에 비유하여 시험을 설명한다. 뜨거운 불이 금의 불순물을 표면으로 떠오르게 하듯이, 우리의 삶을 뜨겁게 달구는 시련은 우리의 약점, 죄, 인격적 결함 등 인격의 부정적인 면과 믿음의 연약함을 드러내어 더 정결하고 성숙한 인격과 신앙을 갖게 한다. 예를 들어, 우리가 시험을 당할 때 처음에는 '하나님이 우리를 사랑하지 않으신다, 우리에게 화가 나셨다, 우리의 어려움은 아무 목적이 없다'고 생각하겠지만, 시험을 통과한 후에는 하나님의 성품에 대한 말씀을 믿게 될 것이다. 시험을 통과한 후에 우리는 믿음이 크게 성장하고 하나님의 성품을 소유하게 되었음을 깨닫게 될 것이다. 운동이 근육을 발달시키듯 시험은 믿음의 근육을 크게 성장시킨다.

왜 내게 시험이 필요한가?

시험은 성숙을 낳는다. 이것이 시험이 우리에게 축복이 되는 이유이다. 야고보서 1:4은 시험은 인내를, 인내는 성숙을 낳는 과정을 묘사한다. 시험의 목표는 사람을 더 인내하게 만드는 데 있는 것이 아니다. 인내로 인한 성숙한 인격과 믿음을 소유하게 하는 것이다. 이것이 우리에게 시험을 인내하도록 동기를 부여해준다. 그리스도인은 누구나 성숙의 열매, 곧 경건한 인격과 믿음을 원하기 때문이다.

요약

시험과 관련한 성경의 가장 큰 권면은 시험을 견디라는 것이다. 우리가 시험을 견디지 못하고 실패하는 이유는 우리가 실제로 시험을 당하고 있는 것을 깨닫지 못하기 때문인 경우가 많다. 하나님께서 시험을 허락하셨고 그 시험은 우연히 오는 것이 아니다. 그것은 하나님의 진노가 아니라 하나님이 우리를 인정하신다는 것의 표시이며, 성장의 장애물이 아니라 궁극적으로 성장을 위한 원동력이다.

02

믿음과 행함

(야고보서 1:19~2:26)

참된 믿음에는 반드시 행동이 뒤따른다.

이 과에서는 믿음이 있는 자는

말씀에 순종함으로

경건한 삶을 산다는 것을 배우게 된다.

1과에서는 그리스도인들이 이 세상에 살면서 여러 가지 시험을 만나지만 시험을 통해 믿음과 인격이 온전해진다는 것을 다루었다(1:1~18). 2과에서는 온전함을 추구하는 그리스도인은 믿음과 행함이 분리되지 않으며 말씀에 순종하는 경건한 삶을 살아야 한다는 것을 강조한다.

도 입 | 사람들이 알고 있지만 행동으로 옮기기 힘든 것은 무엇이 있는가?

말씀을 들음과 행함

1. 야고보는 성도들에게 어떤 태도로 말씀을 들으라고 하는가? 이것은 왜 중요한가? (1:19~21)

* 하나님의 의(20절): 이 구절에서 하나님의 의는 하나님의 기준에 따라 하나님의 뜻대로 살아가는 것을 뜻한다.
* 온유함(21절): 유약함이나 무조건적인 순응이 아니라 하나님의 뜻에 순종하고자 하는 태도를 말한다.

2. 말씀을 듣는 것만으로 충분하지 않은 이유는 무엇인가? 말씀을

들은 자의 삶에는 구체적으로 어떤 모습이 드러나는가? (1:22~27)

* 고아와 과부(27절): 당시 사회에서 가장 가난하고 소외된 자들로 다른 사람의 도움 없이는 살아가기 어려운 사람들을 대표한다. 그리스도인은 사회에서 소외되고 고통당하는 자들을 돌볼 책임이 있다.

온전함을 추구하는 그리스도인은 믿음과 행함이 분리되지 않고 말씀에 순종하여 경건한 삶을 산다. 야고보는 경건한 삶의 구체적인 세 가지 실천사항을 말한다(1:26~27). (1) 절제된 언어생활을 하는 것 (2) 약자들을 돌아보는 사회적 책임을 다하는 것 (3) 세속에 물들지 않도록 자기를 지키는 것이다. 약자를 돌보는 것에 대해서는 2과 후반부에서 다루고, 절제된 언어생활은 3과, 세속에서 자기를 지키는 내용은 4과와 5과에서 다룬다.

참된 믿음과 행함

3. 야고보는 교회 성도들 사이의 문제를 예로 들어 말씀을 받은 자의 올바른 행동을 강조한다. 당시 교회에 어떤 문제가 있었는가? 오늘날 우리에게는 이와 같은 문제가 어떻게 나타나는가? (2:1~7)

4. 야고보는 당시 성도들이 부와 사회적 지위로 사람을 차별하는 것에 대해 왜 책망했는가? 나아가 그것이 하나님 앞에서 얼마나 심각한 문제라고 말하는가? (2:5~13; 참고 마 22:36~40; 롬 13:8~10)

5. 야고보는 아브라함과 라합의 믿음에 대해 어떻게 말하고 있는가? (2:21~25)

6. 야고보가 아브라함과 라합의 예를 통해 믿음과 행함에 대해 강조하는 것은 무엇인가? (2:14~20, 26)

* 귀신들도 믿고 떠느니라(19절): 귀신들은 하나님이 계신 것을 믿고 두려워하지만 결코 하나님께 순종하지 않는다. 이것을 참 믿음이라고 할 수 없듯이 하나님을 믿는다고 하면서 행함이 없는 것은 헛된 믿음이라는 것을 강조하기 위한 표현이다.

* 행함으로 의롭다 하심을 받고 믿음으로만은 아니니라(24절): 이는 얼핏 보면 "율법의 행위가 아닌 믿음으로만 의롭게 된다"(롬 3:28)는 바울의 주장과 모순되는 것처럼 보이지만 그렇지 않다. 바울은 구원의 시점에서 믿음을 강조한 반면, 야고보는 참된 믿음으로 구원을 받았다면 그 믿음에 합당한 삶을 살아야 한다는 것을 강조한다.

적용 | 당신은 어떤 행동으로 당신의 믿음을 나타내고 있는가? 앞으로 더 적극적으로 실천해야 할 믿음의 영역은 무엇인가?

결론 | 참된 믿음에는 행함이 따른다. 하나님을 믿는다면 먼저 말씀을 겸손하게 받아들이고 순종하여 형제자매와 이웃을 사랑해야 한다.

세상에서 제자로 살아가기 #2

졸업 이후 사회에서 사람들을 차별하게 하는 것은 무엇인지 생각해보고 하나님의 관점으로 붙들어야 할 가치관을 나누라.

Article

02

믿음과 행위

케네스 프라이어(Kenneth Prior)

우리는 하나님이 우리 안에서 일하셔서 우리를 거룩하게 만들어 가신다는 것을 알고 있다. 그렇다면 우리는 이 일에 무엇을 해야 하는가? 성화의 과정에서 사람의 역할은 무엇인가? 전통적으로 교회 안에는 두 가지 대답이 존재했다. 하나는 믿음으로 온전히 맡겨야 한다(to surrender)는 것이고, 다른 하나는 우리가 온 힘을 다해 노력해야 한다(to strive)는 것이다. 이 양 극단이 강조하고 있는 것을 정적주의(Quietism)[1)]와 경건주의(Pietism)[2)]라는 말로 표현할 수 있다.

---

1) 정적주의: 인간의 모든 자발적, 능동적 의지나 노력을 배제하고 하나님을 전적으로 의지해야 한다는 사상으로 17세기에 신앙의 내면화와 질적 향상을 지향한 로마 가톨릭교회 안에서 나타난 종교적 신비주의의 한 형태이다.

2) 경건주의: 18세기 유럽 개신교의 종교 운동이다. 종교 개혁 이후에 개신교가 점차 교리를 강조하고 제도 중심적으로 나아가자 이에 대한 반성으로 이성과 지성보다 마음의 중심을, 지식보다 실천을 중시하는 운동이다.

정적주의(Quietism)

정적주의자들은 성화를 이루는 일에 인간의 노력이 전혀 개입되지 않는다고 말한다. 심지어 우리의 수고와 노력은 성화를 방해할 수도 있다고 주장한다. 자신을 하나님께 복종시키고 맡길 때 우리는 승리하며 살 수 있지만, 하나님을 온전히 신뢰하지 못할 때 우리는 죄에 빠지게 된다는 것이다. "내려놓으라. 그리고 하나님이 하시게 하라(Let go, and let God)"는 구호가 보여주듯이 그들은 양도, 맡김, 포기와 같은 단어들을 강조한다. "거룩함은 내 자신의 노력이 아니라 예수를 믿는 믿음으로"라는 그들이 좋아하는 찬송가 가사처럼 그리스도인은 믿음과 행위 사이에서 선택해야 하며, 거룩해지는 방법은 믿음을 택하는 것이라고 말한다.

이런 가르침이 극단적으로 나아가기도 했다. 예를 들면, "내가 사는 것이 아니요 오직 내 안에 그리스도께서 사시는 것이라"(갈 2:20)는 구절을 문맥에서 떼어내어 그리스도인 자신의 개성을 제거하고 그리스도의 성품으로 대체되어야 한다고 주장한다. "너희 자신을 … 하나님께 드리며"(롬 6:13)라는 말씀을 통해서는 우리 스스로 유혹에 저항할 필요 없이 우리를 하나님께 내어드려야 하며, 하나님께 맡기면 승리를 얻을 수 있다고 말한다. 더 나아가 어떤 사람들은 하나님께 자신을 맡긴 그리스도인들은 유혹당하기 전에 하나님이 유혹을 물리치시기 때문에 유혹당하지 않는다고까지 주장한다.

정적주의에 대한 반박

이들의 주장은 해결하기 어려운 몇 가지 문제점을 가지고 있다. 그리스도인이 죄를 지으면 누구의 잘못인가? 그리스도인이 하나님께 자신을 맡기면 그 후부터는 하나님이 완벽하게 책임지시기 때문에 그리스도인에게는 잘못이 없다는 말인가? 이에 대한 그들의 대답은 그리스도인들이 죄를 짓는 것은 그들이 하나님을 신뢰하는 것을 중단했기 때문이라는 것이다. 그러나

이 대답은 문제를 전혀 해결해 주지 못한다. 왜냐하면 하나님에 대한 신뢰의 중단 그 자체가 죄이며, 여전히 "그리스도인이 신뢰를 중단하게 된 것은 누구의 잘못인가?"라는 질문을 해야 하기 때문이다. 자신의 삶을 하나님께 맡기면 죄에 대해 승리하게 하신다고 했는데, 어떻게 그리스도인이 다시 죄를 지을 수 있단 말인가?

정적주의자들은 사람이 스스로의 힘으로 의로워질 수 없는 것처럼 성화도 스스로의 능력으로 이룰 수 없다는 것을 입증하려고 했다. 그들은 "나는 할 수 없지만 하나님은 하실 수 있다"고 말한다. 이 말에는 동의한다. 그러나 그들은 여기서 더 나아가 하나님께서 하시도록 내버려두는 것만이 그리스도인이 할 수 있는 모든 것이라는 결론을 내린다. 이는 결국 그리스도인이 자신을 하나님께 맡기고 그 안에 거하는 상태를 유지하는가, 유지하지 못하는가의 여부에 모든 것이 달려있다는 말이다. 성화가 하나님께 맡긴 상태를 유지하는지의 여부에 달려 있다면, 성화는 하나님께 달려있는 것이 아니라 사람에게 전적으로 달려 있다는 것을 의미한다.

행위가 있어야 하는 자리

믿음과 행위를 대립시키는 것은 잘못된 것이며, 성경에서는 결코 이를 언급한 적이 없다. 성화에는 믿음이 필수적이다. 그렇다고 노력이 필요 없다는 것은 아니다. 성령에 의해 새로워진 사람들은 하나님께 수동적으로 자신을 맡기면 끝나는 것이 아니라 자신의 육신을 억제하고 새로운 피조물이 되는 일에 적극적으로 관여해야 한다. 그리스도인의 삶이 경주나(히 12:1) 싸움(엡 6:10~18; 딤전 6:12)으로 묘사되는데 이는 모두 그리스도인이 힘써야 한다는 것을 말해준다.

바울은 사도로서 자격을 상실하지 않기 위해(고전 9:27) 자기의 몸을 계속 쳐서 복종시켜야 한다고 말했다. 정적주의자들은 히브리서 3~4장에 나오는 "믿음의 안식"을 강조하지만, 이 말씀의 역설적인 면도 주목해야 한다. 우리는 안식에 들어가기를 '힘써야 한다'(히 4:11).

만일 그리스도인이 해야 할 일이 하나님께 자신을 맡기고 아무것도 하지 않는 수동적인 상태로 있는 것뿐이라면, 신약에서 말하는 실제적인 가르침을 찾아 볼 필요가 없다. 우리의 할 일이 단지 그리스도께서 우리 안에서 그분의 삶을 살게 하는 것이라면, "너희가 어떻게 행할지를 자세히 주의하여"(엡 5:15)와 같은 권면과 "푯대를 향하여 ... 달려가노라"(빌 3:14)와 같은 다짐은 왜 있는 것인가? 여기서 "달려가노라"는 이기기 위해 온 신경을 긴장시키고 있는 운동선수를 가리킬 때 사용된 단어로, 거룩함을 향해 더욱 노력하도록 우리에게 동기를 부여한다. 성경은 승리에 이르는 지름길이 없으며, 성화의 과정에서 진보하기 원한다면 말씀이 가르치는 전 영역에서 복종해야 한다고 말한다. 거룩함은 한 순간에 되는 것이 아니라 시간이 걸려 이루어진다.

경건주의(Pietism)

경건주의는 18세기 독일교회에서 실천 없이 교리만을 강조하는 것에 항거하여 일어난 운동이다. 이 운동은 실천적 기독교를 요구했으며 실행이 없는 신조들은 아무 쓸모가 없음을 강조했다. 경건주의라는 단어는 실천에 열심을 내고 자기 수양과 영적 훈련을 강조하는 사람들을 대변하는 용어였다. 따라서 이 운동은 성경공부 그룹의 성장과 같은 좋은 일들을 촉진시켰다.

그러나 경건주의 역시 균형 잡히지 않은 정적주의만큼이나 위험하다. 행위를 지나치게 강조한 나머지 그리스도인을 성화시키는 분은 하나님이고 우리는 하나님을 신뢰해야 한다는 사실을 쉽게 잊게 한다. 경건주의자들은 자신들이 기울인 노력의 결과에 얽매여 있어서 실패하게 되면 쉽게 좌절하고 성공하면 하나님께 영광을 돌리기보다는 자축하는 데 몰두한다. 하나님은 그리스도 안에서 우리에게 모든 것을 주셨다. 그러나 이것이 사람들이 알아서 스스로의 힘으로 성화하도록 내버려두신다는 것을 의미하지는 않는다. “너희 구원을 이루라”고 말씀하신 것은 우리 안에서 현재 하나님이 역사하고 계시기에 가능한 것이다(빌 2:12~13). 성경은 “행함이 없는 믿음은 그 자체가 죽은 것이라”(약 2:17)고 선언하지만, 동시에 ‘믿음이 없이는 하나님을 기쁘시게 하지 못한다’(히 11:6)고 선언한 것도 기억해야 한다.

균형의 유지

성경은 상호보완적인 이 두 진리 사이에서 균형을 유지한다. 예를 들면, 베드로후서 1:3~4에서 베드로는 하나님께서 우리를 위해 행하신 모든 것이 우리의 성화를 보증한다고 강조한다. 그러나 여기서 끝나지 않고 5~9절에서 그리스도인이 힘써야 할 목록을 열거하고 있다.

> 그러므로 너희가 더욱 힘써 너희 믿음에 덕을, 덕에 지식을, 지식에 절제를, 절제에 인내를, 인내에 경건을, 경건에 형제 우애를, 형제 우애에 사랑을 더하라 이런 것이 너희에게 있어 흡족한즉 너희로 우리 주 예수 그리스도를 알기에 게으르지 않고 열매 없는 자가 되지 않게 하려니와 이런 것이 없는 자는 맹인이라 멀리 보지 못하고 그의 옛 죄가 깨끗하게 된 것을 잊었느니라(벧후 1:5~9)

10절은 그렇게 힘쓴 결과로 "더욱 힘써 너희 부르심과 택하심을 굳게 하라"고 말한다.

그리스도인이 성화에 이렇게 적극 참여해야 하는 것이라면, 성화가 어떻게 하나님의 역사가 될 수 있겠는가? 그 대답은 이미 인용했던 구절에서 찾을 수 있다. "너희 안에서 행하시는 이는 하나님이시니 자기의 기쁘신 뜻을 위하여 너희에게 소원을 두고 행하게 하시나니"(빌 2:13). 그리스도인들이 성화에 적극 참여하는 것은 하나님께서 우리로 하여금 노력하고 힘쓰도록 자극하시기 때문이며 성경의 권고와 경고로 우리의 양심에 영향을 미치시기 때문이다. 따라서 복음을 진심으로 믿고 "믿음의 주요 또 온전케 하시는 이인" 예수님을 바라보는 사람들은 "인내로써 우리 앞에 당한 경주를 하도록"(히 12:1~2) 도전을 받게 된다. 성화는 하나님이 이루시는 것이지만 동시에 그리스도인도 성화를 위해 노력해야 한다는 이 역설은 우리가 그리스도인으로 살면서 계속 직면해야 할 일이다. 우리는 계속 노력해야 하지만 예수 그리스도만으로 충분하다는 확신에 근거한 노력이어야 한다.

믿음을 행위로 연결시키도록 동기 부여하는 말씀

하나님의 거룩하심은 그리스도인이 거룩한 삶을 사는 것에 큰 원동력이 된다. "너희도 거룩하라"는 하나님의 명령은 "내가 거룩하니"라는 진리에 의해 힘을 얻어 실천으로 이어질 수 있다. 신약 성경의 서신서들에서도 교리와 실천을 연결하도록 격려하는 말씀들을 볼 수 있다. 에베소서 1~3장은 기독교의 진리와 복음의 축복에 대해 다루고 4~6장은 그 교리에 근거한 실천적 문제들을 다룬다. 에베소서 4:1은 교리(1~3장)와 실천(4~6장)을 연결해주는 구절로서 진리에 합당한 삶을 살 것을 요구한다. "그러므로 주 안에서 갇힌 내가 너희를 권하노니 너희가 부르심을 받은 일에 합당하게 행하여"(엡 4:1).

성경에서는 이런 말씀을 통해 거룩함을 증진시키도록 믿음과 행동이 항상 연결되어 나타난다. 성화에는 어떤 비밀스런 공식도 없고 행함이 없어도 되는 지름길도 없다. 이런 말씀들은 그리스도인의 삶의 모든 영역에서 믿는 것을 행동으로 옮기도록 우리를 자극한다.

무엇보다 우리를 자극하는 것은 바로 그리스도의 삶이다. 바울이 빌립보 교인들에게 그들 공동체의 삶에서 나타나야 할 특성들을 묘사할 때 그는 자연스럽게 그리스도께서 가신 십자가의 길을 제시했다. 그리스도는 기꺼이 낮아지셨고, 우리가 서로에게 마땅히 보여야 할 겸손의 모범이 되신다(빌 2:5~8). 베드로 역시 그리스도인이 부당한 대우를 받을 때 어떻게 반응해야 하는지 알려주기 위해 그리스도가 보여주신 모범을 강조하고 있다(벧전 2:18~25). 우리는 그분의 본을 따라야 한다.

말씀이 지니고 있는 힘은 그 말씀을 어느 정도 믿는가에 달려있다. 그 말씀을 붙잡고 있는 믿음이 강하면 강할수록 그리스도인의 삶에 미치는 힘은 더욱 강해진다. 예를 들면, 낮아지신 그리스도에 대한 우리의 믿음이 강하면 강할수록 우리는 더욱 겸손한 태도로 서로를 대하게 될 것이다. 소외된 사람들을 사랑하시기 위해 온갖 장애물을 뛰어 넘었던 그리스도에 대한 우리의 믿음이 깊어질수록 우리도 그와 같은 일을 할 수 있는 힘을 더 얻게 될 것이다. 그런 믿음에서 나온 행동은 그 믿음을 더욱 강화시킨다. 이 글의 제목을 다시 한 번 주목하라. 그 제목은 "믿음인가? 행위인가?"가 아니라 “믿음과 행위”이다. 믿음과 행함은 분리할 수 없는 것이다.

이 아티클은 IVP 허락을 받아 케네스 프라이어의『The Way of Holiness』에서 발췌하여 요약한 것이다.

Hallelujah

03

경건한 언어생활

(야고보서 3:1~18)

절제하지 않은 말은 파괴적인 힘이 있다.

이 과에서는 하늘의 지혜를 가진 자는

혀를 제어하고 경건한 언어생활을 한다는 것을 배우게 된다.

온전함을 추구하는 그리스도인은 말씀에 순종하여 경건한 삶의 세 가지 항목을 실천한다(1:26~27). (1) 절제된 언어생활을 하고 (2) 약자들을 돌아보는 사회적 책임을 다하며 (3) 세속에 물들지 않도록 자기를 지킨다. 2과에서는 약자들의 필요를 돌아보는 내용을 다루었고, 3과에서는 절제된 언어생활의 중요성에 대해 다룬다.

도입 | 연예인이나 정치인과 같이 잘 알려진 사람이 말실수로 곤경에 빠진 경우를 나눠보라.

말의 파괴적 영향력

1. 야고보는 성도들에게 "선생이 많이 되지 말라"고 말한다. 이 말의 의미는 무엇인가? (1~2절)

*선생(1절): 직업이나 직분이 아니라 말씀을 가르치는 사역을 맡은 자들을 가리킨다. 당시 성도들 중에 자신의 지혜를 뽐내며 말씀을 가르치는 역할을 맡으려고 서로 다투는 일이 있었던 것으로 보인다.

*온 몸도 굴레 씌우리라(2절): 모든 행동을 통제하고 다스린다는 의미이다.

2. 말의 수단인 혀는 어떤 특성을 갖고 있으며 혀의 영향력은 어느 정도로 치명적인가? (3~8절)

* 혀는 불의의 세계라(6절): 혀를 통해 모든 불의와 악이 표현된다는 의미이다.
* 삶의 수레바퀴(6절): 사람의 생애 전체를 가리키는 말이다.

3. 야고보는 성도들이 한 입으로 하나님을 찬양하면서 동시에 형제를 저주하는 것에 대해 무엇이라고 말하는가? (9~12절)

4. 쉽게 내뱉는 말들이 형제자매 또는 공동체를 무너뜨릴 수도 있다. 공동체 안에서는 어떤 말들을 조심해야 하는가?

* 잠언 11:13; 17:9

* 잠언 12:18; 15:1

* 잠언 26:28

* 그 외에 조심해야 할 말

하늘의 지혜와 경건한 언어생활

5. 스스로 지혜와 총명을 자랑하지만 실제 삶에서는 선한 열매를 맺지 못하는 성도들에게 야고보는 세상의 지혜와 하늘의 지혜를 비교하며 권면한다. 다음 표를 채우며 두 종류의 지혜가 어떻게 다른지 살펴보라. (13~18절)

	세상의 지혜	하늘의 지혜
근원	15절:	17절:
동기	14절:	18절:
결과	16절:	13절: 17절: 18절:

본문의 맥락에서 17~18절의 단어들은 다음과 같은 의미를 갖는다.

* 성결(17절): 도덕적, 영적으로 결함이 없는 상태
* 관용(17절): 논쟁을 삼가는 온화한 마음
* 양순(17절): 말씀을 진실하게 받아들이고 순종함

* 긍휼과 선한 열매(17절): 긍휼한 마음으로 실제 도움을 베푸는 것
* 편견(17절): 한쪽으로 치우친 생각으로 차별하는 태도
* 의의 열매(18절): 하나님을 기쁘시게 하는 모든 행동

6. 야고보는 '혀를 능히 길들일 사람이 없다'고 말한다. 그럼에도 그리스도인은 경건한 언어생활을 힘써야 한다. 앞의 표에 의하면 그리스도인은 어떻게 경건한 언어생활을 할 수 있는가?

7. 그리스도인들은 어떻게 마음에 하늘의 지혜를 채울 수 있는가?

* 디모데후서 3:15

* 로마서 12:2

적용 | 공동체의 질서와 화평을 위해 구성원들이 경건한 언어습관을 가져야 한다. 경건한 언어습관에 실제적으로 도움이 되는 것을 생각해 보고 한 주 동안 실천하라.

결론 | 시기와 경쟁심에서 나오는 말들은 형제자매와 공동체를 무너뜨릴 수 있다. 그리스도인은 말의 파괴적인 힘을 인식하며 자신의 마음을 잘 살피고, 하늘의 지혜를 가진 자답게 경건한 언어생활을 해야 한다.

세상에서 제자로 살아가기 #3

사회생활을 하면 부정적이고 무시하는 말을 듣기 쉽다. 이때 어떤 말과 행동을 할지 토론해보라.

Article

03

혀 길들이기

빌 브라이트(Bill Bright)

우리 모두는 날카롭고 비판적인 말을 하는 사람을 만나본 경험이 있다. 함께 교회에 다니는 부부가 자신들의 문제에 대한 조언을 얻고자 당신을 찾아온 상황을 한번 상상해보자. 남자는 큰 덩치에 야외 활동을 즐기는 사람으로 건설현장에서 일하고 있다. 그의 아내는 체구가 작고 보기에 연약해 보인다. 하지만 그녀는 다윗이 물맷돌을 날려 골리앗을 공격했듯이 말로 남편을 공격하는 솜씨가 능숙하다. 아내가 입으로 날리는 펀치에 남편이 벌컥 화를 내며 그들의 대화는 금방 끝이 난다. 남편은 "난 카렌이 이렇게 빈정거리며 나를 헐뜯는 것을 도저히 참을 수가 없어요"라고 불평한다. 아내는 "오, 저 사람은 덩치는 큰데 속이 좁아서 자기 아내 말도 못 참아요!"라며 빈정거린다. 맥은 머리를 휘저으며 "난 더 이상 이런 상황을 참을 수 없어요. 아내를 사랑하지만, 그녀는 말로 나를 죽이고 있습니다!"라고 말한 뒤 입을 닫는다.

위의 장면에서처럼 실제로 마음속에 있는 적대감은 우리의 말과 행동을 통해 드러난다.

성경에는 "혀"라는 단어가 93번이나 언급되었는데, 주로 파괴적인 힘을 가리킬 때 사용되었다.

> "네가 혀의 채찍을 피하여…"(욥 5:21)
> "네 죄악이 네 입을 가르치나니 네가 간사한 자의 혀를 좋아하는구나"(욥 15:5)
> "온순한 혀는 곧 생명 나무이지만 패역한 혀는 마음을 상하게 하느니라"(잠 15:4)
> "그들의 혀는 죽이는 화살이라"(렘 9:8)
> "혀는 곧 불이요 불의의 세계라 혀는 우리 지체 중에서 온 몸을 더럽히고 삶의 수레바퀴를 불사르나니 그 사르는 것이 지옥 불에서 나느니라"(약 3:6)
> "혀는 능히 길들일 사람이 없나니 쉬지 아니하는 악이요 죽이는 독이 가득한 것이라"(약 3:8)

독이 있는 말

야고보는 "이것으로 우리가 주 아버지를 찬송하고 또 이것으로 하나님의 형상대로 지음을 받은 사람을 저주하나니 한 입으로 찬송과 저주가 나는도다 내 형제들아 이것이 마땅하지 아니하니라"고 말한다(약 3:9~10). 마음 속 깊은 원한으로부터 나오는 독이 서린 말만큼 자신을 죄에 물들게 하는 것은 없다. 만일 우리가 하나님을 기쁘시게 하고 주님께 영광을 돌리는 증인의 삶을 살기 원한다면 우리는 말을 통제하는 것을 배워야 한다. 야고보는 "누구든지 스스로 경건하다 생각하며 자기 혀를 재갈 물리지 아니하고 자기 마음을 속이면 이 사람의 경건은 헛것이라"고 말한다(약 1:26).

하나님을 향한 사랑

하나님을 향한 우리의 사랑도 말로 드러난다. "내가 나의 입으로 그에게 부르짖으며 나의 혀로 높이 찬송하였도다"(시 66:17), "나의 혀도 종일토록 주의 공의를 작은 소리로 읊조리오니"(시 71:24), "내 혀가 주의 말씀을 노래하리이다"(시 119:172)라고 고백했던 시편 기자처럼 말할 수 있는가? "지혜로운 자의 혀는 양약과 같으니라"(잠 12:18)와 "온순한 혀는 곧 생명나무이다"(잠 15:4)라는 말씀을 따라 솔로몬의 지혜를 추구할 것인가? "그의 말씀이 내 혀에 있도다"(삼하 23:2)라고 말한 사무엘처럼 말할 수 있는가?

다음과 같은 베드로의 말은 오늘날 우리에게 좋은 충고를 준다. "그러므로 생명을 사랑하고 좋은 날 보기를 원하는 자는 혀를 금하여 악한 말을 그치며 그 입술로 거짓을 말하지 말고"(벧전 3:10). 우리에게는 자기 절제가 필요하다.

자기 절제의 비결

자기 절제는 열매 맺는 그리스도인의 삶을 사는 데 결정적인 요소이다. 나는 수년 동안 수천 명의 사람들을 상담한 결과, 자기를 절제하지 못한 그리스도인은 승리하는 삶 또는 풍성한 삶을 살 수 없으며, 효과적인 증인도 될 수 없다는 것을 확신하게 되었다. 그렇다면 그리스도인은 어떻게 자신을 절제할 수 있을까? 자기 절제의 비결은 성령 충만이다. 대부분의 사람들은 자신의 힘으로 절제하려고 애쓰기 때문에 실패한다. 우리 모두는 경험을 통해 하나님을 떠나서 혀를 절제하는 것은 불가능함을 알고 있다.

성경은 "오직 성령의 열매는 사랑과 희락과 화평과 오래 참음과 자비와 양선과 충성과 온유와 절제니 이 같은 것을 금지할 법이 없느니라"(갈 5:22~23)고 말한다. 우리는 매일 주 예수 그리스도와 성령의 능력을 의지하여 자기 절제를 연습하고 개발해야 한다. 나는 당신이 이 교훈을 주의 깊게 공부하기를 바란다. 매일 당신의 삶에서 배우는 원리들을 기도하면서 적용하고, 성령께서 당신의 혀를 지배하시도록 기도하라. 그러면 당신은 주변의 사람들에게 축복을 가져다주고 열매 맺는 증인이 될 것이다.

04

세상과 벗하지 않는 삶

(야고보서 4:1~12)

세상적인 정욕은 다툼을 일으킨다.

이 과에서는 그리스도인들이 세상과 벗된 삶을 버리고

겸손한 마음으로 하나님을 가까이 해야 함을 배우게 된다.

온전함을 추구하는 그리스도인은 말씀에 순종하여 경건한 삶의 세 가지 항목을 실천한다(1:26~27). (1) 절제된 언어생활을 하고 (2) 약자들을 돌아보는 사회적 책임을 다하며 (3) 세속에 물들지 않도록 자기를 지킨다. 3과에서는 절제된 언어생활의 중요성에 대해 다루었고, 4과에서는 경건한 삶의 세 번째 실천사항으로 이기적인 욕심을 따라 세상의 가치를 추구하지 말 것을 권면한다.

도입 | 당신이 최근에 간절히 원하는 것이 있었는가? 당신은 원하는 것이 바로 이뤄지지 않을 때 주로 어떻게 반응하는가?

교회 안에서의 분쟁과 다툼

1. 야고보는 공동체 안에서 성도들이 싸우고 다투는 이유가 무엇이라고 말하는가? (1~3절)

* 정욕: 쾌락을 추구하는 감각적인 욕망이며, 세상의 권력과 명예를 향한 이기적인 욕구를 포함한다.
* 살인: 말로 공격하여 상대의 영혼을 파괴하는 것에 대한 비유이다.

2. 야고보는 서로 다투는 성도들을 '간음한 여인들아'라고 부르며 책망한다. 야고보가 간음했다는 표현을 통해 하려는 말은 무엇인가? (4~5절)

* 간음한 여인들아(4절): 구약성경에서는 하나님과 이스라엘의 언약관계를 결혼관계로 비유하여 하나님을 떠난 백성들을 간음한 여인으로 표현한다(호 4:12). 따라서 여기서 '여인'이라는 표현은 여성 뿐 아니라 남녀 모두를 지칭한다.

3. 공동체 안에서 세상적인 욕심으로 갈등이나 다툼이 일어나는 다양한 경우를 나누라. 그 중 당신이 조심해야 할 것은 무엇인가?

하나님 앞에서의 겸손한 태도

4. 야고보는 영적으로 간음하는 죄를 지은 성도들에게 은혜를 입기 위해 하나님께 겸손하게 나아가라고 권고한다. 하나님께 겸손하게 나아가는 자는 구체적으로 무엇을 해야 하는가? (6~10절)

* 7a, 10절

* 7b, 8a절

* 8b, 9절

5. 성도들이 겸손한 마음으로 하나님의 은혜를 경험한 후에 변화되어야 할 행동은 무엇인가? 야고보는 그 이유가 무엇이라고 말하는가? (11~12절)

6. 야고보는 판단하는 것은 옳지 않다고 말한다. 이는 판단 자체를 금지하는 말인가? 판단하는 자가 반드시 기억해야 할 사실은 무엇인가? (11~12절, 참고 고전 2:15~16)

적용 | 당신의 삶에서 세상적인 기준이나 욕심으로 바라보는 영역이 있는가? 하나님 앞에서 겸손한 태도를 갖는다면 그 영역에서 당신의 생각과 행동을 어떻게 바꾸어야 할지 생각해보라.

결론 | 세상적인 정욕은 공동체 안에 다툼을 일으키며 하나님과 원수가 되게 한다. 그리스도인은 세상과 벗하지 말고 하나님 앞에서 겸손한 태도로 형제자매를 대해야 한다.

세상에서 제자로 살아가기 #4

직장과 가정이 생겼을 때 하나님과 벗되는 삶을 떠나 영적인 간음을 범하기 쉬운 것들이 무엇이 있을지 생각해보라. 하나님과 벗된 삶을 살자고 동료 순장과 다짐하고 앞으로 서로를 점검하기 위한 계획을 세우라.

Article

04

겸손은 어려운 것이다

닐 다우니(Neil Downey)

사람은 누구나 겸손하기 어렵다. 특히 교만한 마음이 가득 차 있으면 겸손해지기란 더욱 힘들다. 뒤돌아보면 나는 겸손하려고 노력은 했으나 실제로는 나 자신을 대단하고 멋진 사람이라고 생각했다. 초등학교 때부터 중학교 때까지의 사진을 보면 나는 항상 턱을 치켜들고 온갖 잘난 척을 하는 포즈를 취하고 있다. 당시 나는 헤어드라이어로 멋지게 머리를 말리고 단단한 가슴을 자랑하기 위해 셔츠 단추를 푼 채 거울 앞에 서서 내가 얼마나 멋진지 감상하며 몇 시간씩 보내곤 했다. 아마도 사람들이 나를 멋지다고 평가해주길 바라는 마음으로부터 나온 행동이었을 것이다. 나는 인기가 많은 사람이 되고 싶었다. 그러나 안타깝게도 사람들은 자아가 강하고 자기밖에 모르는 소년과 같이 있고 싶어 하지 않았고 나의 바람은 이루어지지 못했다.

대학에서 예수님을 따르기 시작하면서 나 자신에 대한 인식이 바뀌기 시작했다. 성경을 읽고 기도하며 경건한 사람들과 함께 시간을 보내면서 처음으로 겸손이 무엇인지 경험하게 되었다. 나 자신을 비하하며 자책하게 되었다는 말이 아니다. 겸손은 나에 대한 성경적 관점을 가지는 것이었다. 수많은 죄를 지은 죄인이 상상할 수 없는 사랑을 받았다는 사실은 나에게 진정한 겸손을 가르쳐 주었다.

그러나 살아가면서 교만이 얼마나 교묘하고 교활할 수 있는지 또한 알게 되었다. 나는 그 누구보다도 내 이미지를 그럴싸하게 가꿀 수 있는 사람이었다. 주목받고 인정받기 위해 그리스도인으로서의 선을 행하려고도 했고 여전히 멋있는 사람이라는 평가를 받고 싶어 했다. 나에게 겸손은 지속적으로 기도하며 교만함과 싸워 이겨야만 얻을 수 있는 것이었다.

성경이 말하는 겸손

누구에게나 겸손은 어려운 일이지만 성경은 끊임없이 겸손을 강조한다. 미가서 6:8에서 선지자는 "사람아 주께서 선한 것이 무엇임을 네게 보이셨나니 여호와께서 네게 구하시는 것은 오직 정의를 행하며 인자를 사랑하며 겸손하게 네 하나님과 함께 행하는 것이 아니냐"라고 기록하고 있다.

하나님은 우리에게 겸손을 명하실 뿐 아니라 겸손의 유익들도 가르쳐주신다.

> "온유한 자를 정의로 지도하심이여 온유한 자에게 그의 도를 가르치시로다"(시 25:9)
> "진실로 그는 거만한 자를 비웃으시며 겸손한 자에게 은혜를 베푸시나니"(잠 3:34)
> "무릇 자기를 높이는 자는 낮아지고 자기를 낮추는 자는 높아지리라"(눅 14:11)

스스로 겸손하고 하나님께서 높여주시는 것이 스스로를 높이고 하나님께서 낮추시는 것보다 더 낫다. 후자가 장기적으로 보면 훨씬 더 고통스러울 것이다. 결혼하면서 나는 종종 조립이 필요한 물건들을 구매했는데, 설명서에 포함된 조립방법에 크게 의존하곤 했다. 설명서에 제품의 완성된 모습이 나와 있을 때에는 설명서가 더 중요했다. 이루고자 하는 것에 대한 분명한 그림이나 모델이 있으면 조립하는 것이 훨씬 쉬워지기 때문이다. 감사하게도 우리에게는 완벽한 모델이 있다. 예수님은 진정한 겸손함이 무엇인지 본을 통해 보여주셨다. 사도 바울은 다음과 같은 교훈을 준다.

> 너희 안에 이 마음을 품으라 곧 그리스도 예수의 마음이니 그는 근본 하나님의 본체시나 하나님과 동등됨을 취할 것으로 여기지 아니하시고 오히려 자기를 비워 종의 형체를 가지사 사람들과 같이 되셨고 사람의 모양으로 나타나사 자기를 낮추시고 죽기까지 복종하셨으니 곧 십자가에 죽으심이라 이러므로 하나님이 그를 지극히 높여 모든 이름 위에 뛰어난 이름을 주사 하늘에 있는 자들과 땅에 있는 자들과 땅 아래에 있는 자들로 모든 무릎을 꿇게 하시고 모든 입으로 예수 그리스도를 주라 시인하

여 하나님 아버지께 영광을 돌리게 하셨느니라(빌 2:5~11)

하나님의 아들이신 예수님은 하늘의 영광과 권세를 버리고 인간의 몸으로 마구간에서 태어나셨다. 예수님은 가장 흉악한 죄인들이 받아야 할 형벌을 대신 받으심으로 최고의 복종과 겸손을 보여주셨다. 죄가 없고 완전한 예수님이 우리를 위해 고통을 당하고 죽으셨다. 그 결과, 인류는 구속을 얻었으며 예수님은 높임 받으시고 하나님은 영광을 받으셨다.

하나님의 이름을 영화롭게

그렇다면 우리는 어떻게 예수님처럼 겸손해질 수 있을까? 바울은 우리가 예수님과 같은 태도를 가져야 한다고 말한다. 이는 섬김, 복종, 희생을 말하며, 다른 사람을 돕는 것과 하나님께 영광 돌리기 위해 권리와 특권을 기꺼이 내려놓는 것을 의미한다.

성경은 우리가 창조된 목적과 살아가는 이유가 하나님께 영광 돌리기 위함이라고 반복하여 분명하게 말한다. 하나님은 변치 않으시지만 하나님을 모르는 사람들이 변하여 하나님의 이름을 높이는 것이 하나님께 영광 돌리는 것이라고 말하는 것을 누군가에게 들은 적이 있다. 사람들로 하여금 하나님의 선하심과 위대하심을 조금이라도 알게 하는 모든 말과 생각과 느낌이 하나님의 이름을 영화롭게 하는 것들이 될 수 있다.

나는 하나님을 사랑한다. 하나님을 섬기고 하나님께 복종하고 싶다. 나는 모든 사람들이 하나님을 알고 예배하게 되어 하나님이 영광 받으시기를 원한다. 나는 이것을 방해하는 어떤 것도 원하지 않는다. 따라서 "그는 흥해야 하겠고, 나는 쇠하여야 하리라"(요 3:30)는 세례 요한의 말이 나의 삶을 통해 계속 메아리치기를 원한다.

겸손해지기 위해 해야 할 일들이 있다. 먼저 우리는 매일 하나님의 거룩하심과 자신의 죄성에 더 민감해야 하고, 의지를 주님께 드림으로 성령의 열매를 맺으며 주님과의 동행을 지속해야 한다. 그러면 우리는 주님과 닮아가고 있음을 느끼게 될 뿐 아니라 점점 더 겸손해지는 자신을 발견하게 될 것이다.

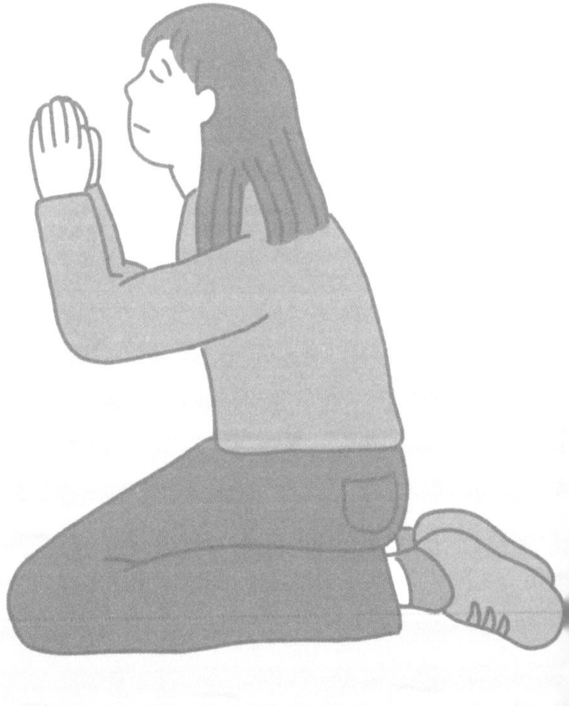

05

그리스도인의 경제관

(야고보서 4:13~5:6)

그리스도인은 재정 계획도 믿음으로 세워야 한다.

이 과에서는 그리스도인이

하나님의 뜻 안에서 정당하게 돈을 벌고

선한 일에 사용해야 함을 배우게 된다.

온전함을 추구하는 그리스도인은 말씀에 순종하는 경건한 삶을 산다 (1:26~27). 4과에 이어 5과도 경건한 삶의 세 번째 실천사항인 세속에 물들지 않는 것에 대해 구체적으로 다룬다. 4과에서는 이기적인 욕심을 따라 세상의 가치를 추구하지 말 것을 다루었고, 5과에서는 소득과 지출에 대한 세상의 가치관을 버리고 성경적인 경제관을 가질 것을 권면한다.

도입 | 당신이 열심히 일해서 10억 원을 벌었다면 어디에 사용하겠는가?

하나님을 인식하는 재정 계획

1. 야고보가 책망하는 사람들은 무엇을 하는 사람들이며 그들은 어떤 문제를 가지고 있었는가? 야고보는 그들에게 무엇을 권면하는가? (4:13~16)

당시에는 아라비아와 인도에서 향료와 보석을 사들여 이를 로마로 다시 수출하는 무역이 활발한 시대였다. 이때 큰 자본을 가진 대규모 무역상들은 이익이 생길 것이라고 판단되면 어느 도시든 찾아가서 오랜 시간 머물며 장사를 했다.

2. 미래를 위한 계획을 세우는 것은 잘못된 일인가? 야고보가 위와 같이 권면하는 이유는 무엇인가? (참고 눅 14:28; 잠 16:9)

3. "그러므로 사람이 선을 행할 줄 알고도 행하지 아니하면 죄니라" (17절)는 말씀은 무슨 뜻이며 앞의 13~16절과 어떻게 이어지는가?

4. 현재 당신은 물질적인 필요를 어떤 방식으로 해결하고 있는가? 물질적인 필요를 채우는 과정에서 하나님의 뜻을 고려하는지 돌아보라.

불의한 부자에 대한 경고

5. 야고보는 부자들의 어떤 잘못을 지적하고 있으며 이를 통해 그리스도인의 재물관에 대해 무엇을 배울 수 있는가? (5:1~6)

* 2~3절

* 4절

* 5절

* 6절

* 재물, 옷, 금과 은(2~3절): 재물은 곡물 또는 식품을 의미하며 쉽게 썩는 것들이다. 당시 옷은 좀이 먹기 쉬운 재질로 오래 보관하는 것이 어려웠다. 금과 은은 녹이 스는 금속이 아니지만 사용하지 않으면 녹이 슨 것 같이 쓸모없게 된다는 표현이다.
* 의인을 정죄하고 죽였으나(6절): 의인은 부자들에게 핍박을 받는 가난한 그리스도인들을 말한다. 부자들은 그들에게 법적인 권리를 행사하며 생존을 위협했으나 그들은 대항할 능력이 없었다.

6. 당신은 꼭 필요하지 않은 물건을 구매하거나 쌓아놓는 경우가 있는가? 이러한 소비습관이 경건한 삶에 어떤 영향을 끼칠 수 있는가?

적용 | 자신의 이익만을 추구하는 세상에서 그리스도인들은 어떤 방식으로 돈을 벌고 어떻게 돈을 써야 하는지 구체적인 방법을 나누어 보라.

결론 | 그리스도인은 경제활동을 할 때 세상의 가치관을 따르지 않도록 주의해야 한다. 돈을 벌기 위한 계획 속에 하나님을 염두에 두어야 하며, 정당하게 돈을 벌어 자신뿐만 아니라 가난한 이웃들을 돕는 일에 사용해야 한다.

세상에서 제자로 살아가기 #5

졸업 후 20대와 30대의 직장 연봉을 예상해서 각각 재정 계획을 세워보라. 여러 항목을 상세하게 나누어 계획하라.

Article

05

졸업 후 재정 관리

스티브 포그(Steve Pogue)

대학 시절 기숙사 생활을 하는 학생들은 월세, 전기세, 기타 세금을 다달이 내야 할 염려가 없고, 학교 식당에서 식사를 해결하기 때문에 장을 보고 식단을 짜야 할 필요도 없다. 또한 부모님의 보험 혜택을 누리기 때문에 이에 대한 부담도 없다. 그러나 대학을 졸업하면 경제적으로 독립한다. 모든 비용을 자신이 지불해야 하고 돈이 필요할 경우에는 부모님께 빌려야 한다.

- 애비 윌너 & 캐시 스토커(Abby Wilner and Cathy Stocker)

대학을 졸업하면 역동적인 삶이 기다리고 있다. 결혼하지 않았다면, 직장에 들어가지 않았다면, 당신이 하고 싶은 것은 뭐든 할 수 있다. 하지만 대부분의 사람들이 실제로 그렇게 하지 못한다. 재정적인 부담이 너무 크기 때문이다.

- 모리스 베리어(Morris Barrier)

졸업 후 얼마 지나지 않아 당신의 삶이 변했다는 것을 알게 될 것이다. 더 이상 늦게까지 잠을 자거나 매일 청바지를 입고 다닐 수 없게 된다. 또한 학자금 대출을 갚기 시작해야 하고, 하는 모든 일들을 공식적으로 '사무실'에 보고해야 한다. 곁에 있던 친구들과도 헤어지게 된다. 어쩌면 기대했던 것보다 더 많은 짐을 지고 대학을 떠날지도 모른다. 학위를 얻었지만 빚도 얻었을 수 있다.

하지만 좋은 소식이 있다. 부자가 아니고 보수가 좋은 직장에 들어가지 않았다 해도 당신은 젊다. 젊은이에게는 늦기 전에 덜 고통스러운 길을 선택할 수 있는 기회가 있다. 아틀란타의 로날드 블루회사의 재정고문인 제프 치너리(Jeff Chinery)는 말한다. "저는 미혼 청년들을 만나면, 늦기 전에 인생의 바른 항로를 결정하는 것이 중요하다고 말해줍니다. 결혼 후 자녀가 생길 수 있어서 장기적인 계획을 확실하게 세울 수는 없지만, 자신의 재정을 어디에 어떻게 쓸지, 어떤 유형의 삶을 살지를 지금 결정하는 것이 정말 중요하다고 말해줍니다."

재정전문가들은 돈을 사용하는 원칙을 세우는 일은 빠르면 빠를수록 좋다고 말한다. 텍사스 덴톤의 공인 회계사인 칼 디튼(Carl Deaton)도 말한다. "대학을 졸업하자마자 재정에 대해 의논하기 위해 저를 찾아오는 사람은 거의 없죠. 사람들은 대학을 졸업하고 5년이나 10년이 지나 재정적인 스트레스가 정점에 달하면 저를 찾아옵니다. 그때서야 재정적 스트레스를 풀려고 하죠. 하지만 그때는 너무 늦어요. 이미 많은 빚을 지고 있는 상태죠. 빚을 진 후 거기서 빠져 나오기란 전혀 빚을 안지는 것보다 열 배는 어려워요. 당신의 돈을 어떻게 관리할지 일찍부터 배우는 것이 좋습니다. 지금 배워도 실수는 하겠지만 큰 실수는 면할 수 있죠."

디튼이 대학 졸업생에게 제시하는 돈을 관리하는 6가지 원칙을 살펴보자.

당신의 돈이 어디서 오는지 알라

성경은 '우리가 가진 돈'의 진정한 주인이 누구인지 분명하게 말한다.

> "네 하나님 여호와를 기억하라 그가 네게 재물 얻을 능력을 주셨음이라 이같이 하심은 네 조상들에게 맹세하신 언약을 오늘과 같이 이루려 하심이니라"(신 8:18)
> "땅과 거기에 충만한 것과 세계와 그 가운데에 사는 자들은 다 여호와의 것이로다"(시 24:1)
> "누가 먼저 내게 주고 나로 하여금 갚게 하겠느냐 온 천하에 있는 것이 다 내 것이니라"(욥 41:11)

우리가 열심히 일해서 돈을 버는 것이 사실이지만 열심히 일할 수 있게 하시는 분은 하나님이다. 일할 수 있는 능력이 하나님께로부터 온다는 사실과 내가 번 돈이 하나님의 소유라는 것을 안다면, 돈에 대한 바른 시각을 갖게 될 것이다. 내가 타는 차도, 내가 사는 집도 하나님의 것이다. 나는 하나님께서 주신 것들을 무상으로 즐기는 청지기이다.

하나님이 우리의 삶의 주인이시라면, 하나님께서 건강하지 못한 소비습관이나 신용카드를 잘못 쓰는 습관을 바꿔주실 것이다. 우리는 채무의 염려와 미래에 대한 두려움에 눌리지 않아도 된다. 이를 위해서는 청지기직을 이해해야 한다. 청지기는 다른 사람의 소유를 관리하는 사람이다. 우리는 하나님의 청지기로서 하나님의 소유를 하나님이 기뻐하시는 방법으로 관리할 책임이 있다. 우리가 이 책임을 깨닫고 소유권을 하나님께 이전한다면, 하나님은 약속을 지키시고 우리의 모든 필요를 채우실 것이다. 재정의 자유를 맛보는 첫 번째 단계는 하나님께서 통치하실 수 있도록 내어드리는 것이다.

당신의 돈이 어디로 가는지 알라

당신의 돈을 어디에 쓸지 분명하게 결정하는 것이 중요하다. 대학 졸업 후 첫 두 달 정도는 어려울 것이다. 집세도 내야 되고 첫 출근에 옷도 사야 되고, 기타 등등 다양한 일로 돈을 써야 한다. 하지만 셋째 달부터는 어디에 돈을 쓸 것인지 결정해야 한다. 당신이 한 주간 카페에서 카푸치노를 마시고 월요일 밤에 귀찮아서 외식하는 값을 따져보면 깜짝 놀랄 것이다.

돈을 어떻게 사용할지 모른다면 재정을 건전하게 관리할 수 없다. 불필요한 영역에 많은 돈을 쓰면서 꼭 필요한 자동차 유지비나 저축에는 돈이 부족할 수도 있다. 당신의 소비유형을 살펴보라. 당신이 돈을 쓸 때 원하기 때문인지 필요하기 때문인지 구분해보라. 원하는 것에 돈을 쓰지 말라는 말이 아니다. 제프 치너리는 이렇게 말한다. "하나님이 공급해주신 것들을 우리가 누릴 수 있지만, 더 많이 누릴 때가 있고 그렇지 못할 때가 있다. 그러므로 더 많이 혹은 더 적게 누리는 시기를 분별하고 이에 따른 계획을 세워야 한다."

당신의 수입이 어떠하든 항상 가진 돈보다 사고 싶은 것이 더 많아서 고민할 것이다. 솔직히 당신은 부자가 되고 싶은 것이 아니라 그저 조금만 더 있으면 좋겠다고 말할 것이다. 그러나 성경은 더 부유하고 수입이 더 많다고 더 만족하는 것은 아니라고 말한다. 전도서 5:10은 이렇게 말한다. "은을 사랑하는 자는 은으로 만족하지 못하고 풍요를 사랑하는 자는 소득으로 만족하지 아니하나니 이것도 헛되도다."

예산을 짜라

예산을 짜라는 말은 네 살짜리 꼬마에게 치과에 가자는 말처럼 들릴 수 있다. 예산을 짜는 것이 쉽거나 재미있을 리가 없다. 하지만 예산을 짜는 것이 꼭 필요하므로 반드시 해야 한다. 이 말을 기억하라. "현실만이 진정한 내 친구!"

당신이 짠 예산이 완벽하지 않아도 염려하지 말라. 시간이 지나면 나아질 것이다. 예산을 짰다는 사실만으로도 도움이 된다. 예산을 짤 때 중요한 것은 예상외의 지출을 위해 여유분을 두는 것이다. 그리고 적은 돈이라도 여가 활동비를 매달 예산에 넣어라. 만일 헬스클럽 비용으로 매달 30만 원을 쓴다면 케이블 TV는 포기해야 한다. 외식은 일주일에 한두 번으로 제한하라. 매주 영화를 보는 취미가 있다면 이것도 줄여야 한다. 예산에 이런 사실이 반영되어야 한다. 무료로 제공하는 예산관리 앱을 사용해서 예산을 짜라.

먼저 하나님을 경외하라

무엇보다 먼저 십일조와 교회나 선교단체에 드리는 헌금을 떼어놓으라. 재정전문가 래리 버켓(Larry Burkett)은 이렇게 말한다. "하나님이 당신의 10%를 가지고 하실 수 있는 일이 당신이 100%를 가지고 할 수 있는 일보다 훨씬 많다." 래리의 말은 10%를 정확히 드려야 한다는 것만을 강조하는 것이 아니라 기쁨으로 드리라는 말이다. "이것이 곧 적게 심는 자는 적게 거두고 많이 심는 자는 많이 거둔다 하는 말이로다 각각 그 마음에 정한 대로 할 것이요 인색함으로나 억지로 하지 말지니 하나님은 즐겨 내는 자를 사랑하시느니라"(고후 9:6~7).

대학을 갓 졸업하고 취직한 당신이 십일조생활을 하기가 쉽지 않을 것이다. 적은 수입에서 10%를 드리는 것이 만만치 않은 일이다. 하지만 한 달에 5만 원 벌 때 십일조를 드리기가 천만 원을 벌 때 십일조 드리는 것보다 훨씬 쉽다. 수입이 적을 때부터 십일조를 드리면 수입이 많든 적든 하나님께 기쁘게 드리는 법을 자연스럽게 훈련하게 된다.

우선 빚을 갚아라

잠언 22:7은 이렇게 말한다. "부자는 가난한 자를 주관하고 빚진 자는 채주의 종이 되느니라." 당신에게 어떤 종류이든지 신용카드의 빚이 있다면 그것부터 갚아라. 신용카드의 이자율이 가장 높다. 그 다음에 학자금 융자를 포함해서 모든 빚을 청산하라. 그래야 자유를 누릴 수 있다. 물질의 소유를 높이 평가하는 문화 속에서 빚을 갚는 것이 쉬운 일은 아니다.

래리 스티븐스(Larry Stephens)는 1994년 당시 가장 인기 있는 컴퓨터공학을 전공했다. 그가 학교를 다니면서 융자 받은 학자금은 총 13,000불이었다. "졸업을 하면 돈을 많이 써야 한다는 압박감이 있습니다." 래리가 말했다. "학교 친구들은 큰 집과 좋은 차를 사고 부유한 이웃들이 있는 지역으로 이사했죠. 저는 전임사역을 하고 싶었어요. 하지만 빚이 있어서 하나님께서 감동을 주시는 곳으로 가지 못했죠. 저는 달라스에서 컴퓨터 프로그래밍 연구와 개인 소프트웨어 회사에서 일했어요. 저는 대학 시절에 살았던 낡고 작은 아파트에 그대로 살았어요. 그리고 고등학교 때부터 몰았던 1966년식 무스탕을 탔지요. 저는 학자금으로 융자받았던 돈을 매달 2천 달러씩 갚았어요. 어려울 때는 최소한 천 달러를 갚았죠. 1년 안에 학자금 융자를 다 갚았는데, 얼마나 힘들었는지 몰라요. 하지만 빚을 다 갚았을 때

가슴을 누르던 큰 돌덩어리가 확 떨어져 나가는 심정이었어요. 그 후에야 하나님께서 제게 말씀하신 길로 떠날 수 있었죠."

현재 CCC 간사로 국제 본부에서 섬기고 있는 래리는 이렇게 말한다. "직장을 다니면 이 정도 집은 사야 하고 이 정도 차는 몰아야 한다는 말에 속지 마세요. 당신이 무슨 일을 하든지 차나 집은 아무것도 아니에요. 인생에서 돈을 버는 것이 전부가 아닙니다. 결코 만족함이 없어요."

저축계획을 시작하라

첫 번째 저축계획은 최소한 석 달 치의 월급을 통장에 남겨두는 것이다. '그렇게 많은 돈을!'하고 놀라지 말라. 가능하다. 시간이 걸려도 그렇게 하는 것이 좋다. 이 돈은 위급한 상황 즉, 직장을 그만두었거나 차사고가 나서 수리를 할 경우에 당신을 지켜 줄 '현금 보호막'이다.

또한 월급통장에서 일정액을 자동 이체하여 저축하라. 내내 이자가 발생할 것이고 긴급한 상황에서 언제든지 사용할 수 있다.

재정에 관한 지혜로운 결정이 당장 만족을 줄 수는 없다. 하이포인트 대학의 총장인 니도 쿠베인(Nido Qubein)은 이렇게 말한다. "사람들이 쉽게 능력을 발휘하지 못하는 이유는 그들이 너무 원대한 꿈을 꾸기 때문이다. 가치 있는 일들은 대부분 작고 사소한 일들을 바른 방향으로 지속적으로 행한 결과이다."

잠언 21:5에서는 "부지런한 자의 경영은 풍부함에 이를 것이나 조급한 자는 궁핍함에 이를 따름이니라"고 말한다. 사람들이 복권에 끌리는 것은 한 번에 많은 돈을 얻을 수 있기 때문이다. 어떤 사람들은 투자를 통해 한 순간에 돈이 두 배가 되는 것을 보려고 한다. 그러나 재물이 쌓이려면 시간과 노력이 드는 법이다. 유명한 투자전문가들은 투자는 지루해야 한다고 말한다. 투자는 유화가 마르는 것을 지켜보는 것과 같다고 말하기도 한다. 당신이 투자한 주식가격이 오를 수 있다. 그러나 주식가격이 하룻밤에 두 배로 뛰는 경우는 없다. 꾸준히 부지런하게 노력한 사람만이 성과를 거둔다.

이 돈은 누구의 것인가?

경건한 청지기로 돈을 관리하는 법을 배우는 데 늦은 때란 없다. 제이콥 밴혼(Jacob Vanhorn)은 잘못된 선택을 한 후에 재정을 하나님께 온전히 맡기게 되었고, 지금은 안정되고 건강한 생활방식을 지켜나가고 있다.

제이콥은 그의 아파트에 있는 테이블에 차곡차곡 쌓아놓은 12만 달러를 바라보며 말을 꺼냈다. "이 돈이 제 인생을 바꾼 분기점이 되었어요." 제이콥은 달라스에 있는 '믿음의 여성'이라는 단체에서 세미나 자료 판매담당자였다. 세미나가 알려지고 규모가 커지면서 만여 명의 여성들이 등록하기에 이르렀다. 그는 지원자들의 등록비와 주말 세미나에서 책을 판매한 돈을 모아 월요일에 은행에 입금하곤 했다. 제이콥이 말했다. "주일 저녁에는 가방 한가득 현금을 싸들고 집에 돌아오곤 했어요. 사역이 너무 빨리 성장해서 재정을 주체할 수 없을 지경이었지요. 현금은 저 혼자 담당했어요. 그러던 어느 주일 저녁에 이 돈을 다 쌓으면 얼마나 될까 궁금했어요. 돈을 테이블에 다 쌓아 놓자 월세를 못 낸 것이 생각났어요. 저는 현금더미에서 500불을 꺼냈어요. 다음 달에 넣을 생각이었죠. 그런데 아무도 눈치 채지 못한다는 사실을 알고 그 다음에 더 많은 돈을 꺼냈어요. 제 수입으로는 할 수 없는 일을 하는 것에 그 돈을 사용했어요. 중고 스포츠카를 사고, 근사한 옷을 사고, 여자 친구와 좋은 식당에서 밥을 먹곤 했죠. 결국 75,000달러 이상을 훔쳤어요. 제 수입 이상으로 살기 시작할 때부터, 비싼 물건들을 사서 사람들에게 괜찮은 사람으로 보이려고 할 때부터 훔치기 시작한 것입니다." 밴혼은 결국 붙잡혀 오클라호마의 엘레노 연방감옥에 수감되었다. 그곳에서 오히려 그는 자유하게 되었다. 그는 기독교단체에서 일했지만 죄가 발견되기 전까지는 그리스도인이 아니었다. 그는 감옥에 있었던 시간이 '영적으로 성장하는 시간'이었다고 말한다.

당신이 번 돈은 하나님이 당신에게 맡겨주신 것임을 기억하라. 재정적으로 타락하게 되는 길은 '당신의' 돈이 하나님의 것임을 잊어버릴 때 시작된다. 돈을 어떻게 쓰는지를 보면 그 사람의 가치관을 알 수 있다. 돈 계산이 흐릿한 사람은 삶의 다른 영역에서도 흐릿하다는 것을 의미한다. 돈 관리를 제대로 못하면서 성령님의 다스림을 받는다고 말할 수 없다. 돈을 사용하는 법을 배우는 것은 스트레스에서 벗어날 뿐만 아니라 하나님을 영화롭게 한다. 이것은 졸업생이 가져야 하는 좋은 목표가 아니겠는가!

이 아티클은 『Cru2 Smart Transition Article』 (서울: 순출판사, 2011), 109~122에서 발췌하여 요약한 것이다.

06

그리스도인의 인내와 기도

(야고보서 5:7~20)

인내와 기도는 고난을 이겨내는 원동력이다.

이 과에서는 그리스도인이 고난 속에서

소망 가운데 인내하고

하나 되기 위해

믿음으로 기도해야 함을 배운다.

그리스도인으로서 온전함과 경건한 삶을 추구하라고 권면한 야고보는 마지막으로 고난 중에 있는 성도들에게 소망으로 인내하고 하나 되기 위해 서로 돌아보라고 말하며 편지를 마무리한다.

도입 | 당신이 과거에 경험한 고난의 때를 돌아보라. 그 고난을 통해 무엇을 배웠는가?

소망으로 인내하라

1. 야고보는 당시 그리스도인들에게 인내하라고 권면한다. 그리스도인들이 인내할 수 있는 근거는 무엇인가? (7~8절)

2. 농부, 선지자, 욥은 무엇을 바라며 인내했는가? 야고보가 이들의 예를 통해 성도들에게 말하고자 하는 것은 무엇인가? (7, 10, 11절; 참고 욥 31:6)

* 농부(7절)

* 선지자(10절)

* 욥(11절; 욥 31:6)

3. 당신이 최근에 어려움을 겪었을 때 소망의 관점으로 인내했는지 세상의 방식으로 견디었는지 돌아보라. 이 두 가지 방식은 결과에서 어떤 차이가 있을까?

야고보는 계속해서 "형제들아"라고 호칭하는데 이는 그의 편지가 개인을 향한 것이 아니라 교회라는 믿음의 공동체를 향한 것임을 나타낸다. 그리스도인들이 핍박을 받는 고난의 상황에서 공동체가 함께 소망을 품을 때 끝까지 인내할 수 있다. 이를 위해 야고보는 공동체가 믿음과 사랑 안에서 서로를 돌아보아 하나 되도록 몇 가지 지침을 준다.

하나 되기 위해 힘쓰라

4. 당시 교회에는 성도들 간의 시기, 다툼, 비방 등의 문제가 있었다

(4:1~2, 11). 야고보는 성도들이 믿음 안에서 하나 되도록 무엇을 권면하고 있는가? (9, 12절)

5. 야고보는 성도들에게 고난당하는 자는 기도하고 마음이 기쁜 자는 찬송하라고 권면한다. 그 중에 병든 자가 있다면 교회가 어떻게 돌아보아야 하는가? (13~16절)

* 14절

* 15~18절

* 주의 이름으로 기름을 바르며(14절): 당시 기름은 치료제로도 사용되었기 때문에 학자들은 '주의 이름으로' 기름을 바르는 것을 하나님을 의지하여 치료하는 것으로 해석한다. 그러나 어떤 이들은 이를 치료행위가 아닌 하나님의 치유를 바라는 상징적인 행동으로 보기도 한다.

6. 야고보는 육체적으로 병든 자를 위해 권면한 후 영적으로 병든 자를 돌아보라고 하며 편지를 마무리한다. 교회는 이들을 위해 무엇을 해야 하며 그것은 왜 중요한가? (19~20절; 참고 눅 15:10)

적용 | 당신이 속한 믿음의 공동체가 하나 되도록 돌아보고 기도해야 할 것은 무엇인가?

결론 | 그리스도인은 고난을 당할 때 주님의 다시 오심을 소망하는 가운데 인내하고, 공동체가 하나 되기 위해 힘써야 한다. 특히 서로 원망하거나 함부로 맹세하지 않으며, 영육 간에 연약한 자들을 돌아보고 믿음으로 기도해야 한다.

세상에서 제자로 살아가기 #6

바쁜 직장생활 속에서 수위에 영적, 육적으로 연약한 자들을 어떻게 돌아볼 수 있을지 토론해보라.

Article

06

온전해지도록 책임지고 돕는 파트너

크리스 앳지(Chris Adsit)

우리가 하나님을 기쁘시게 하고 우리 영혼을 만족시키는 삶을 살기 위해서는 신앙생활을 돕는 파트너가 필요하다.

델 헤셀(Del Hessel)이 콜로라도 주립대학의 새로운 육상코치로 왔다. 그때 나는 2학년 학생으로 허들선수였는데, 그리 잘하는 선수는 아니었다. 그와 처음 개인면담을 할 때 그는 나에게 목표가 무엇이냐고 물었다. 나는 운동하면서 목표에 대해 생각해 본 적이 전혀 없었다. 트랙경기에 대한 내 생각은 우선 연습을 위해 트랙에 나가는 것이고, 그 다음은 트랙 몇 바퀴를 돌고, 마지막으로 어느 누구도 나보다 빠르지 않다면 내가 이긴다는 것이었다. 하지만 나는 헤셀 코치가 그런 대답 이상의 것을 듣기 원한다는 것을 알았다. 그래서 무슨 뜻으로 하는 말인지도 모른 채 나는 그에게 "올림픽 400미터 허들경기에서 우승하고 싶습니다"라고 말했다. 내가 그렇게 말한 순간부터 헤셀은 나에게 힘든 훈련을 시키기 시작했다. 훈련하는 동안 그와 나의 목표는 "죽도록 힘을 다해라!"였다. 그는 밤늦게까지 나를 혹독하게 훈련시키기 위한 방안을 모색했다. 그는 나에게 산을 달리고, 무거운 역기를 들고, 운동장 계단을 전력질주하고, 400m 경주를 반복하게 했다. 그는 나를 일찍 잠자리에 들게 하고 맛없는 음식을 먹게 했으며 수천 개의 허들을 넘도록 했다. 그는 이 모든 것을 하는 동안 조금만 봐달라는 나의 간청을 무시했다. 무엇이 이렇게 맹연습을 하게 했는가? 나는 그저 올림픽에 대한 즐거운 생각을 나눴을 뿐인데, 그는 "행운을 빈다, 크리스! 나도 응원할게!"라고 말하며 박수를 보낸 것이 아니라 고통스러운 계획을 세웠던 것이다.

그러나 그것이 바로 나에게 필요했고 내가 원했던 것이었다! 델 헤셀은 인간이란 가장 쉬운 길만 찾으려고 하는 존재라는 것을 알고 있었다. 나는 위대한 운동선수가 되기 위해, 아니 그냥 보통의 선수가 되기 위해서라도 충분한 노력을 한 적이 없었다. 그러나 그의 코치를 받으며 나는 4학년 때 미국 대표선수가 될 수 있었다. 올림픽 선수는 아니었지만 거의 근접했다. 나는 델 헤셀 코치를 무척 존경하게 되었다. 왜냐하면 그는 기꺼이 나를 솔선수범하게 만들었고, 책임지게 했으며, 내 목표를 향해 돌진하게 만든 몇 안 되는 사람 중의 하나였기 때문이다.

무책임과 나태는 인류 전체에 만연되어 있다. 그래서 우리에게는 코치, 교사, 감독, 편집자, 경찰, 조교, 국세청 직원 등이 필요하다. 우리가 진실로 목표를 성취하기 원한다면 운동, 교육, 재무, 다이어트 등 그것이 무엇이든지 항상 '책임지고 도와주는 구조' 속에 자신을 두어야 한다.

그리스도인으로서 우리의 궁극적 목적은 예수 그리스도를 닮기까지 변화되는 것이다. 이러한 변화의 한 부분은 하나님의 책임이고, 한 부분은 우리의 책임이다. 우리가 인생의 최고의 목표를 추구할 때 책임지고 도와줄 사람을 찾는 것은 당연한 것이다.

무엇을 원하는가?

우리 대부분은 온전한(integrity) 삶을 살고 영원한 열매를 맺으며 의로운 재판장께 "잘 하였도다 착하고 충성된 종아"라는 말 듣기를 갈망한다. 그렇다면 어떻게 이런 온전한 삶을 살 수 있을까? 우리 안에 계신 성령의 능력으로만 온전한 삶을 살 수 있다. 내가 어떻게 성령의 능력을 받을 수 있는가? 여러 가지 중에 특히 세 가지가 중요하다. (1) 순간순간 성령으로 충만하라 (2) 매일 하나님의 말씀에서 양분을 얻어라 (3) 죄를 피하라.

그런데 여기에 해결할 수 없는 한 가지 문제가 있다. "내가 왜 해야만 하지? 하고 싶지 않아!" 온전해지려는 목표는 좋은 것이지만 내 안의 한 부분은 여전히 죄를 좋아하고 자기 절제를 싫어하며, 하나님을 떠나 내 멋대로 하고 싶어 한다. 물론 그리스도께 사로잡힌 내 본성, 즉 새로워진 내 존재는 이런 태도를 싫어한다. 그래서 나의 옛 본성은 다른 사람과 나 자신에게 내 죄를 숨기고 내 행동을 합리화할 수 있는 다양한 장치를 고안해낸다. 그러나 우리가 책임지고 도와주는 파트너를 갖는 것은 이런 장치를 무너뜨리는 하늘의 해체팀을 데려오는 것과 같다. 이런 파트너가 "옛 사람"을 드러내어 어디에도 숨을 곳이 없게 만들면서 옛 사람의 지배를 약화시킨다.

책임지고 돕는 관계란?

사람들은 '책임지고 돕는 것'에 대한 성경적 개념에 대해 상당히 왜곡된 생각을 가지고 있다. 어떤 이들은 천정에 매달린 흐릿한 전등, 철제의자, 기독 비밀경찰이 치과용 기구로 찌르면서 "그 여자를 두 번이나 쳐다봤지?" 하며 정죄하는 장면을 먼저 떠올린다. 다른 이들은 매주 긴 점검 목록대로 살았는지 심문을 받는다고 상상한다.

콜로라도 기독대학의 교수인 마크 던(Mark Dorn)은 책임지고 돕는 관계에 대해 짧고도 훌륭한 정의를 내린다. "책임지고 돕는 것은 대답하게 하는 것이다"(Accountability is answerability). 그렇다! 책임지고 돕는 것이란 사람들이 자신의 행동에 대해 숨기거나 합리화하지 않고 드러내어 말하게 하는 것이다.

그렇지만 책임지고 돕는 것이란 대답하게 하는 것 그 이상이다. 달라스 신학교 총장인 찰스 스윈돌(Charles Swindoll)에 따르면, "책임지고 돕는 것은 조심스럽게 선택된 소수의 사람 곧 진실을 말하는 사람, 조사하고 질문하고 평가하며 상담해 줄 수 있는 권리를 가진 믿을 만한 사람에게 자신의 삶을 드러내게 하는 것을 포함한다."

책임지고 돕는 파트너(accountability partners)는 서로를 사랑한다. 그들은 그들의 관계가 위태로워지더라도 어려운 질문도 하고, 듣기도 하며, 결국 진실을 말하게 한다. 그들은 서로의 유익을 위해 힘쓰고 그렇게 해야 하는 것을 알고 있다. 책임지고 돕는 것은 우리 모두가 갈망하는 깊고 정직한 우정이다.

왜 책임지고 돕는가?

책임지고 돕는 관계는 거룩함을 추구하는 데 도움이 되는 환경을 제공한다. 어떤 날은 거룩해지고 싶은 마음을 갖고, 어떤 날은 그렇지 않다. 그것은 거룩함을 추구하는 것이 어렵기 때문이다. 만일 내 주변에 아무도 거룩한 사람이 없고 어느 누구도 내가 거룩한지 관심이 없다면, 왜 내게 굳이 책임지고 돕는 사람이 필요하겠는가? 그러나 내가 누군가와 관심을 갖고 돌아보는 관계를 맺고 있어서 내가 그 사람의 의견, 확인, 우정을 중요하게 여긴다면, 그 관계는 나에게 필요한 환경을 만들어준다.

헤셀 코치와 나의 관계의 목표는 그의 승인이 아니라, "당신이 승리했습니다. 트로피를 받으세요"라고 말해 줄 심판의 선언을 얻어내는 것이었다. 이와 같이 책임지고 돕는 관계의 목표는 다른 사람들이 아니라 하나님을 기쁘시게 하는 것이고 그리스도를 더욱 닮아가는 것이다.

성령님은 누구신가?

성령님은 죄를 깨닫게 하시는 분이다(요 16:8). 어떻게 그 일을 하시는가? 성령님은 우리 각자에게 직접 다가오셔서 말씀하신다. 이것이 그분의 일반적인 방법이다. 하지만 우리가 그분이 말씀하시는 것을 좋아하지 않을 때, 우리는 스위치에 손을 뻗어 볼륨을 줄여버린다. 그럴 때 종종 성령님은 볼륨을 줄이지 않은 다른 형제자매를 통해 우리에게 말씀하신다.

식품산업의 컨설턴트인 디아(Thea)는 잔(Jan)을 만났다. 잔은 점심시간에 그리스도인이 아닌 직장 동료와 은밀한 데이트를 하고 있는데, 자기 힘으로는 도저히 그 관계를 끊을 수 없다고 디아에게 털어놓았다. 잔은 처음에는 꺼려했지만 디아가 근무 시간에 전화하는 것에 동의했다. 때로 그들은 단 몇 초만 통화하기도 했고, 어떤 때는 꽤 오랫동안 이야기하기도 했다. "하지만 중요한 것은 내가 그녀를 체크하고 있고, 그녀도 그것을 알고 있으며, 그것이 그녀로 하여금 오랫동안 잃어버렸던 양심의 가책을 느끼게 만들었다는 점이예요"라고 디아는 말한다. 잔은 결국 그 남자를 떠나보내게 되었다. 그 후 디아와 잔은 그전보다 훨씬 더 깊게 서로의 삶을 나누게 되었다.

사탄의 전략

사탄의 근본적인 전략은 고립시키고 눈멀게 만드는 것이지만, 하나님의 성품은 연합하고 진리를 드러내는 것이다. 어떤 사람에게 책임지고 돕는 파트너가 없다면, 그는 누구의 전략을 따르고 있는 것인가? 약 두 달 전에 성도 7,000명 규모의 교회를 담임하는 목사가 불륜관계를 가진 것이 폭로되었다. 그는 당회에서 강력하게 "나는 오직 하나님께만 해명할 의무가 있습니다"라고 말했다. "권력은 부패하는 경향이 있다"는 액톤 경(Lord Acton)의 말은 이에 꼭 들어맞는다. 사람들은 지도자가 되면 사생활과 비밀을 가질 권리가 있다는 생각과 함께 종종 자신의 판단을 지나치게 확신하는 마음을 갖는다. 사탄은 이런 모습에 기뻐하며 만족해한다.

시애틀의 네비게이토 간사인 카렌 벅퀴스트(Karen Bergquist)는 다음과 같이 말한다. "책임지고 돕는 파트너를 갖지 않은 사람들은 그의 적과 적의 치명적인 위험을 과소평가하게 된다. 그리고 사람들은 사탄의 평생의 업무가 우리를 속이고 고소하고 삼켜버리는 것임을 잊어버린다." 사도 바울은 이 점에 대해 "그런즉 선 줄로 생각하는 자는 넘어질까 조심하라"(고전 10:12)고 말한다. 우리 모두에게는 특히 지도자 자리에 있는 사람들에게는 신뢰할 만한 친구의 새로운 관점과 교정을 위한 피드백이 필요하다.

하늘의 도움

당신은 웅장하게 서있는 크고 튼튼하고 거대한 삼나무에 감동한 적이 있는가? 혹시 그 거대한 삼나무가 홀로 서있는 것을 본 적이 있는가? 아마도 없을 것이다. 왜냐하면 삼나무는 함께 모여서 자라야만 거대한 수목이 되기 때문이다. 삼나무의 중요한 특징은 뿌리가 얕다는 것이다. 그래서 하나님은 나무들이 함께 군락을 이루어 자라며 서로의 뿌리가 엉켜서 폭풍이 불어와도 서로 지탱해주도록 하셨다. 이것이 헤셀 코치가 내게 했던 것이다. 그리고 이것이 책임지고 돕는 파트너가 우리를 위해 하는 것, 바로 그것이다. 파트너들은 우리가 하나님을 기쁘시게 하고 우리의 영혼을 만족케 하는 삶을 살도록 우리를 지탱해주고 힘을 얻도록 도와준다.

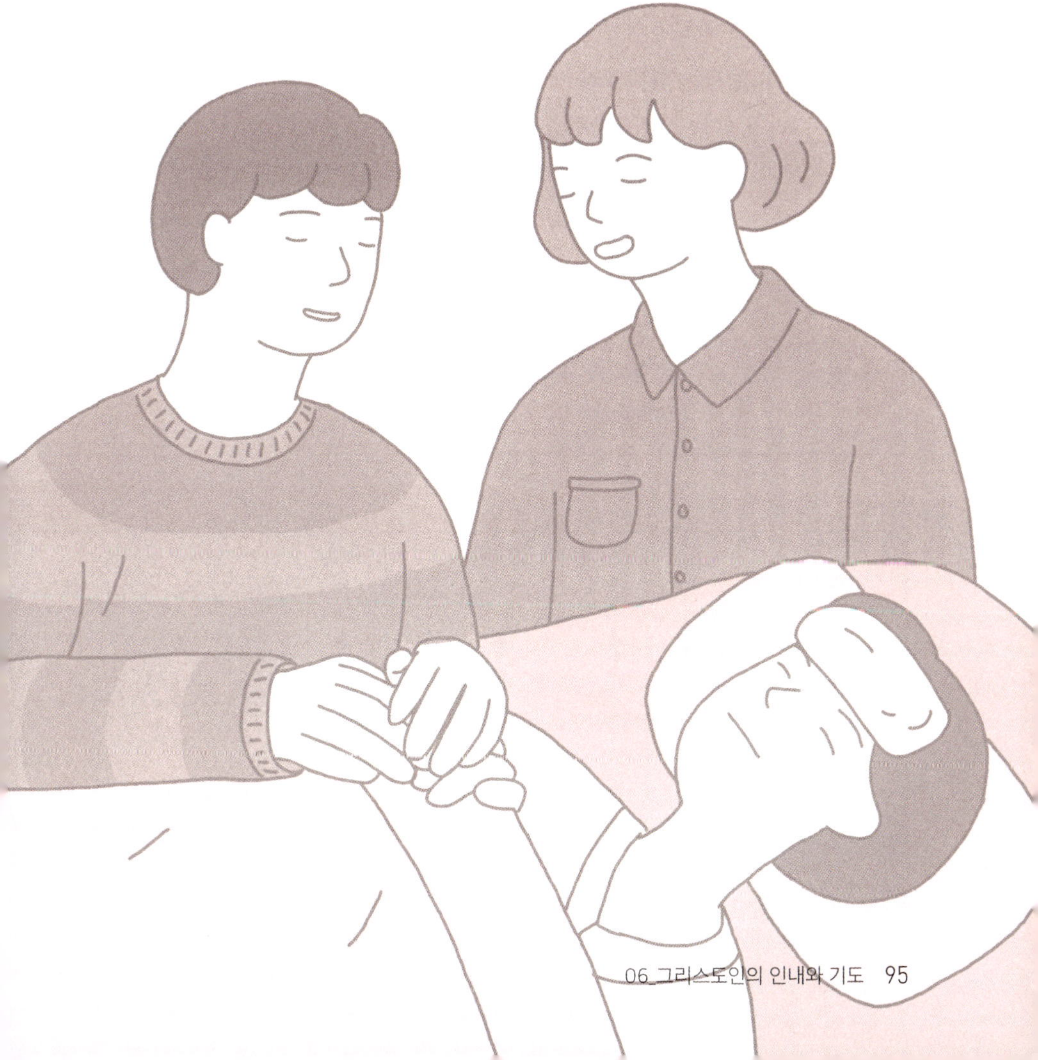

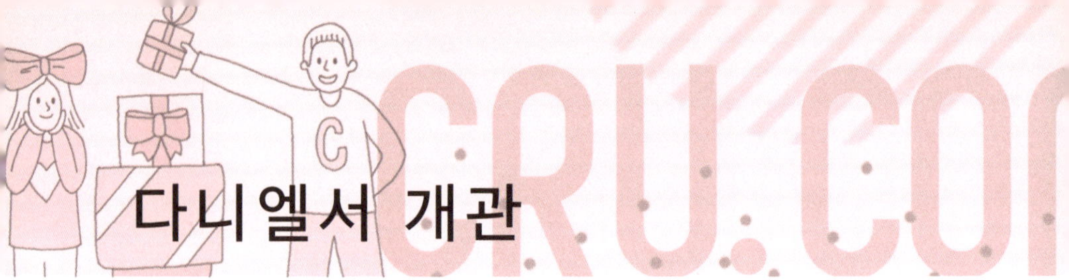

다니엘서 개관

배경 | B.C. 7~6세기는 고대 근동아시아에서 대제국들이 멸망하고 세워지는 격동의 시기였다. 바벨론은 앗수르를 멸망시킨(B.C. 612년) 후 애굽을 침략하면서 유다에도 쳐들어왔다. 하나님과의 언약을 배반하고 온갖 악을 행하던 유다는 결국 바벨론에게 멸망을 당했고 백성들은 세 차례에 걸쳐 포로로 끌려갔다.

다니엘서는 다니엘과 세 친구들이 바벨론으로 사로잡혀 간 B.C. 605년(1차 바벨론 포로)부터 고레스왕 3년(B.C. 536년) 1차 포로귀환 때까지 대제국들의 왕궁에서 일어난 사건들을 그린다. 이 사건들은 바벨론의 느부갓네살(1~4장), 벨사살(5~7장), 메대의 다리오(5:30~6:28), 바사의 고레스(10~12장) 치하에서 일어났다.

분열왕국	포로시대

[역사적 사건들]

연도 (B.C.)	605년	597년	586년
역 사	1차 바벨론 포로	2차 바벨론 포로	3차 바벨론 포로
사 건	포로가 된 다니엘과 세 친구		
당시 제국들	바벨론		

기록 목적

다니엘서는 포로로 잡혀가 절망에 빠진 유다 백성이 끝까지 믿음으로 살도록 격려하기 위해 기록되었다. 다니엘서는 여호와 하나님이 역사를 주관하시는 절대 주권자이신 것과 하나님은 이스라엘을 다시 회복시키셔서 종말에 하나님 나라가 승리하고 완성되게 하실 것을 보여준다.

다니엘서 후반부인 7~12장에서는 두 나라 즉, 하나님 나라와 세상 나라 사이의 전쟁이 하늘과 지상의 영역에서 일어나고 있으며, 하나님의 나라가 반드시 승리한다는 것과 이 승리는 확실하고 완전할 것이라는 것을 보여준다.

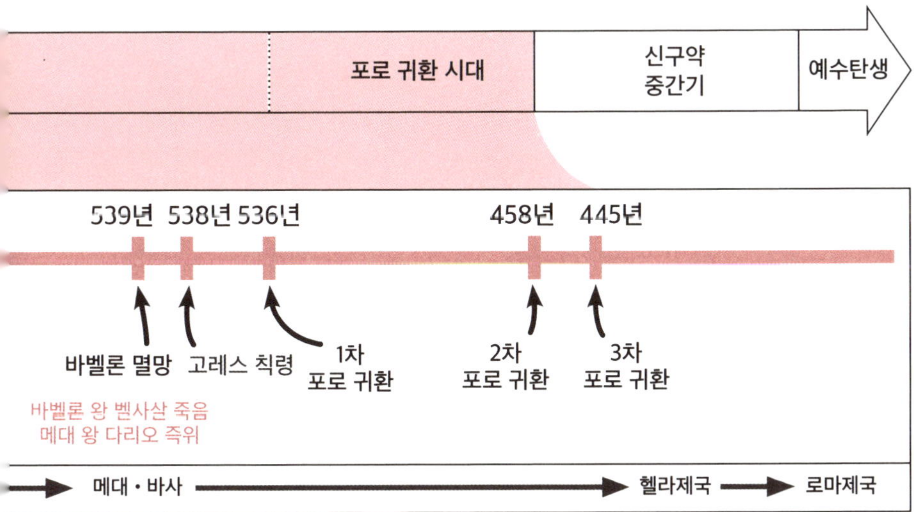

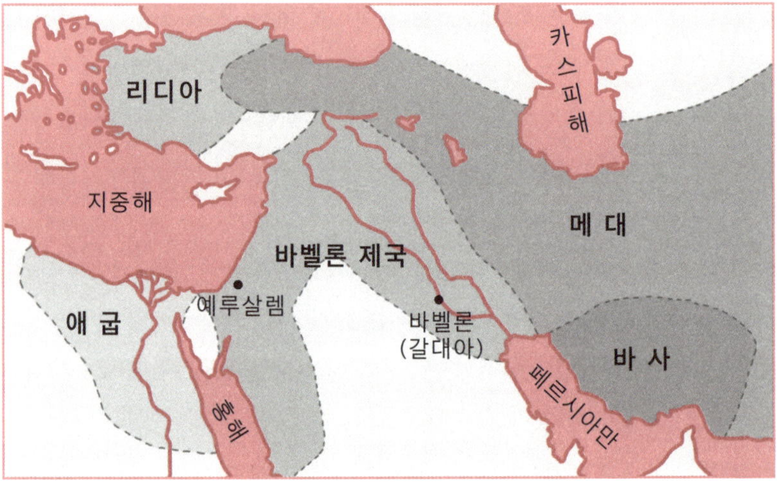

특징 | 다니엘서의 각 장에서는 다니엘과 친구들이 죽음을 각오하고 믿음을 지킬 때 하나님이 이들을 즉각 구원하시고 높이시는 내용이 반복적으로 등장한다. 이러한 다니엘서의 특징은 유다가 멸망한 시대적 상황과 연관이 있다.

유다가 멸망당한 것은 그들의 죄 때문이었지만, 당시 사람들은 강한 신을 섬기는 나라가 전쟁에서 승리한다고 생각했기 때문에 바벨론의 신들이 여호와보다 강하다고 여겼다. 이런 상황에서 하나님이 다니엘을 구원해 주시는 사건들을 통해 하나님만이 유일한 신이며 역사의 주관자이심을 모든 사람들에게 알리신다. 이것이 다니엘서에서 믿음에 대한 즉각적인 보상이 반복적으로 나타나는 이유이다.

핵심 주제

다니엘서는 다니엘을 중심으로 일어난 사건들(1~6장)과 하나님이 다니엘에게 환상으로 보여주신 계시들(7~12장)로 나뉜다. 그럼에도 다니엘서 전체를 연결하는 핵심 메시지가 있다.

① 하나님은 모든 인류를 통치하시는 절대 주권자이며 우주의 왕이시다.

하나님은 이스라엘뿐만 아니라 모든 사람에 대해 관심을 가지시며 모든 인류 역사를 주관하신다. 하나님의 목적은 인류에게 생명과 구원을 전달하는 하나님의 나라를 세우시는 것이다.

② 인간의 역사는 하나님의 뜻에 의해 전개된다.

다니엘서는 세상의 역사가 우연이나 기계적인 인과 관계, 인간의 능력과 의지에 의해서가 아니라 절대 주권자이신 하나님의 뜻에 의해 전개된다는 것을 보여준다.

③ 역사의 목표는 하나님 나라의 완성이며, 하나님 나라는 영원하다.

인간 역사 속의 어떤 강한 왕권이나 나라도 영원하지 않고 결국 하나님의 나라가 승리할 것이다. 하나님의 나라는 예수 그리스도가 다시 오심으로 완성되며, 하나님이 영원히 다스리시게 된다.

④ 믿는 자에게는 고난이 있다.

세상에서 살면서 하나님을 섬기는 자는 반드시 조롱과 핍박을 받게 된다. 그러나 하나님은 신실한 자들을 지키시고 변호하시며 구원하신다.

구조 | I. 바벨론 궁정에서의 다니엘과 세 친구들

1. 바벨론으로 잡혀간 다니엘(1:1~21)
2. 느부갓네살이 꿈에 본 금 신상(2:1~49)
3. 풀무불에 던져진 세 친구들(3:1~30)
4. 느부갓네살이 꿈에 본 큰 나무(4:1~37)
5. 벨사살 왕의 잔치에 나타난 손가락(5:1~31)
6. 사자굴에 던져진 다니엘(6:1~28)

II. 다니엘이 본 환상

1. 네 짐승과 작은 뿔 환상(7:1~28)
2. 숫양과 숫염소 환상(8:1~27)
3. 다니엘의 기도와 응답(9:1~27)
4. 힛데겔 강가의 환상(10:1~12:13)

BUILDING
SPIRITUAL
MOVEMENTS
EVERYWHERE

07

뜻을 정한 다니엘

(다니엘 1장)

믿음으로 결단할 때 하나님이 일하신다.

이 과에서는 다니엘이 뜻을 정하고

지혜롭게 행동할 때

하나님이 도우시는 것을 살펴보게 된다.

도입 | 당신은 원하지 않은 곳으로 가야 했던 경험이 있는가? 그때 기분이 어땠는가?

믿음의 결단

1. 유다 왕 여호야김 시대에 어떤 일이 일어났는가? 유다 백성들에게 왜 이러한 일이 일어났는가? (1~2절; 참고 대하 36:5~8, 15~17)

2. 바벨론에 잡혀간 포로들 중 몇 명은 왕궁에서 3년 동안 교육을 받아야 했다. 왕의 명령에 따라 환관장은 어떤 기준으로 사람들을 선발하였으며 교육의 내용과 목적은 무엇이었는가? (3~7절)

* 선발 대상(3~4절)

* 교육 내용(4절)

* 교육 목적(5~7절)

* 환관장(3절): 왕비와 후궁의 시중을 들거나 궁에서 일하는 관리를 환관이라고 하며, 그들의 우두머리인 환관장은 왕의 신뢰를 받는 자였다.
* 갈대아 사람의 학문과 언어(4절): 바벨론은 갈대아 지역에서 시작된 나라로, 갈대아 사람은 바벨론의 지배계층을 이루고 있었다. 갈대아 학문에는 천문학, 점성술, 수학이 포함되고 언어는 쐐기 문자, 아람어를 사용했다.

[다니엘과 세 친구들의 이름과 뜻]

유다 이름	뜻	바벨론 이름	뜻	바벨론의 신
다니엘	하나님은 나의 재판관이다	벨드사살	벨이 생명을 보호한다	* 벨: 바벨론의 가장 높은 신
하나냐	여호와가 은혜를 베푸신다	사드락	아쿠의 명령	* 아쿠: 바벨론의 달 신
미사엘	누가 하나님과 같은가?	메삭	누가 아쿠와 같은가?	
아사랴	여호와가 도우신다	아벳느고	느고의 종	* 느고: 바벨론의 수성 신

3. 다니엘과 친구들은 바벨론의 교육을 받고 이름이 바뀌는 것도 수용했지만 왕의 음식과 포도주는 먹지 않기로 결심했다. 그 이유는 무엇이며 이때 그들이 가장 중요하게 여긴 것은 무엇이었을까? (8절)

4. 하나님의 백성으로서의 정체성을 지키기 위해 포기하지 말아야 하는 것들이 있다. 오늘날 하나님의 백성으로 구별되게 하는 행동에는 무엇이 있는가?

결단의 실행과 하나님의 일하심

5. 다니엘은 결심한 것을 실행하기 위해 구체적으로 무엇을 했는가? 다니엘의 실행 방식에서 무엇을 배울 수 있는지 나눠보라. (8~14절)

* 8절

* 10~11절

* 12~14절

* 배울 점

6. 다니엘과 세 친구들은 하나님의 백성으로서의 정체성을 지키기로 결단하여 하나님의 일하심을 경험했다. 하나님은 이들에게 어떤 은혜를 주셨는가? (9, 15~21절)

1장은 하나님이 역사의 주관자라는 다니엘서의 주제를 드러내는 서막이다. 하나님이 유다를 바벨론에게 넘기신 것과 믿음으로 결단하는 다니엘을 축복하신 것은 그분이 역사의 주관자이심을 드러낸다. 포로로 잡혀간 소년들이 이름도 바뀌고 바벨론의 문화, 종교, 세계관을 받아들이도록 강요받는 상황 속에서 신앙의 정체성을 지키려고 결심하자, 하나님은 그들에게 은혜를 주신다. 믿음의 결단과 하나님의 보상에 대한 내용은 다른 장에서도 반복된다. 이는 다니엘서의 두드러진 특징으로 유다가 멸망한 시대적 상황과 연관이 있다.

적용 | 당신이 하나님 앞에서 헌신한 것을 잊고 다시 옛 모습으로 돌아간 영역이 있는가? 각자 돌아본 후 헌신한 것을 지속적으로 지키기 위해 힘써야 할 것이 무엇인지 나누어보라.

결론 | 다니엘과 세 친구들은 하나님 백성으로서의 정체성을 지키기 위해 뜻을 정하고 이를 실행에 옮기기 위한 구체적인 방법을 찾았다. 그리스도인이 믿음으로 결단하고 지혜롭게 실행에 옮길 때 하나님의 일하심을 경험하게 된다.

세상에서 제자로 살아가기 #7

다니엘은 결심한 것을 실행하는 과정에서 그를 신뢰하는 환관장과 감독관의 도움을 받았다. 졸업 후 당신이 세상 속에서 살아갈 때 어떻게 하면 가치관이 다른 동료들의 신뢰를 얻을 수 있겠는가?

Article

07

세상에서 그리스도인으로 살아가기

데이브 썬데(Dave Sunde)

조지(George)는 법률회사에서 6년째 일하고 있으며 회사에서 제일가는 의료과실 변호사이다. 그는 그리스도인이며, 수요일 저녁마다 두 아들에게 축구를 가르치며 함께 시간을 보내는 좋은 아버지이다.

회사에서 누군가 그의 신상명세서를 보고 문제를 제기할 만한 것이 있다면 그가 "그리스도인"이라는 것뿐이다. 그러나 어느 누구도 직접 나서서 그에게 시비를 걸지 않는다. 조지도 그의 동료들도 "종교"는 개인적인 것이고 직장생활에 개입시켜서는 안 된다는 것을 알고 있기 때문이다.

직장의 많은 그리스도인들이 단순히 위선적인 사람이 되고 싶지 않다는 이유에서 하나님에 대한 믿음, 교회, 봉사와 관련되는 것을 거부한다. 그들은 그리스도인의 삶을 사는 것이 불가능하다고 생각하기 때문에 그렇게 살려고 애쓰기보다 그저 엮이지 않는 것이 최선이라고 생각한다. 이 사실이 우리에게 주는 메시지가 있다. 만일 어떤 사람이 하나님과 "종교문제"에 대해 진지하게 생각한다면 그는 그것을 감추거나 또는 집안에서만 귀히 여기는 가보처럼 여긴다는 것이다.

많은 직장인들이 "참 그리스도인은 사회에 존재하지 않는다"는 말에 수긍한다. 우리 모두는 직장에서 환영받고 인정받으며 진급하기를 원하지만 그리스도인이라고 밝힐 경우 이 모든 것들이 위협을 받을 수 있다. 이것이 주님에 대한 당신의 믿음과 사랑을 일터에서 나누기 어려운 이유이다. 따라서 직장에서 자신이 그리스도인이라고 밝히라는 것은 무리한 요구가 될 수밖에 없다.

그러나 직장 동료들 가운데 참된 그리스도인으로서 바람직하게 살 수 있는 확실한 방법이 있다. 물론 우리 문화에서 쉬운 일은 아니다. 참된 그리스도인으로 살아간다는 것은 거룩하시고 정의로우시며 사랑이신 하나님 앞에 바르게 서서 예수 그리스도를 온전히 의지하는 것이다. 다른 말로 하면, 참된 그리스도인은 죄를 용서해주시는 예수 그리스도의 선물을 받아들임으로써 하나님과 올바른 관계를 맺은 사람이다. 신약성경은 이것을 다음과 같이 설명한다.

> 너희는 그 은혜에 의하여 믿음으로 말미암아 구원을 받았으니 이것은 너희에게서 난 것이 아니요 하나님의 선물이라 행위에서 난 것이 아니니 이는 누구든지 자랑하지 못하게 함이라(엡 2:8~9)

예수 그리스도의 증인으로 살기 위한 시작점은 당신의 일터에 당신이 필요하다는 것을 인식하는 것이다. 물론 당신이 이 사실을 그들에게 말할 수 없다! 예수님은 그의 제자들이 "세상의 소금"이라고 말씀하셨고, 그의 이름으로 불리는 우리가 "세상의 빛"이라고 말씀하셨다. 이 얼마나 중요한 말인가! 사람들에게 그 무엇보다 예수 그리스도가 필요하지만, 당신이 구약 선지자들처럼 불쑥 그들에게 다가가 당신이 세상의 소금이고 빛이라고 말할 수는 없다. 여기서 한 가지 중요한 것은 하나님이 그분의 위대한 사랑과 은혜를 전하실 때 보통의 사람들을 사용하신다는 것이다. 또한 사람들이 기본적으로 하나님의 일에 대해 저항한다는 점을 알아야 한다. 그러나 낙담하지 말기 바란다. 나는 신약시대의 실제 상황을 이야기해보려고 한다.

신약성경이 기록되었던 A.D. 1세기의 상황도 지금 당신과 내가 일터에서 맞부딪치는 것과 크게 다르지 않았다. 오히려 여러 면에서 참된 그리스도인이 되는 것은 그때가 지금보다 훨씬 어려웠다. 예를 들어, 당시 최고 통치자인 시저는 신으로 숭배되었다. 예수 그리스도를 경배한다고 말하는 것은 정치적인 반역으로 간주되었다. 또한 신을 예배하는 것이 신전의 창기들과 음행하는 것으로 표현되는 타락한 문화 속에서 그들과 다른 거룩함과 높은 도덕적 기준을 요구하며 살아가는 그리스도인들은 심각한 공격을 받았을 것이다. 더욱이 당시의 그리스도인들은 수천 명이 모인 콜로세움 경기장에서 사자들의 밥이 되어 갈기갈기 찢겨지곤 했다. 이것은 국가 체육행사의 일환이었다. 만일 스스로 그리스도의 제자라고 밝히려 한다면 자신의 생명을 대가로 치러야 했다. 그래서 사도 베드로는 다음과 같은 말을 했다.

> 사랑하는 자들아 너희를 연단하려고 오는 불 시험을 이상한 일 당하는 것 같이 이상히 여기지 말고 오히려 너희가 그리스도의 고난에 참여하는 것으로 즐거워하라 이는 그의 영광을 나타내실 때에 너희로 즐거워하고 기뻐하게 하려 함이라 … 그러므로 하나님의 뜻대로 고난을 받는 자들은 또한 선을 행하는 가운데에 그 영혼을 미쁘신 창조주께 의탁할지어다(벧전 4:12~13, 19)

하나님의 뜻대로 받는 고난은 모욕, 차별, 심지어 죽임을 당하는 것이었지만, 고난당하는 자에게는 주님과 동일시할 만큼 자신이 가치 있는 존재로 여겨지는 특권을 의미했다. 사도 베드로는 당시 그리스도인들에게 예수 그리스도는 영원히 그들에게 신실하시다는 사실에 소망을 두고 그들의 영혼을

하나님에게 의탁하라고 권면한다. 더 나아가 베드로는 "선을 행하라"고 말한다. 바로 이 말씀에서 우리는 일터에서 증인이 되는 방법을 알게 된다.

예수 그리스도에 대한 증거는 세 가지 영역에서 선을 행하는 것을 포함한다. 더 많은 영역이 있지만 지금 세 영역만을 말하는 것은 당신이 준비가 된다면 언제든지 그 영역들을 확장시킬 수 있기 때문이다. 첫째, 그리스도를 증거하려면 좋은 관계를 형성하라. 당신이 동료에게 무엇을 나누든지 그것이 동료와의 관계를 성장시키는 것이 되게 하라. 예수님에 관한 많은 증언들이 공식적인 발언처럼 전달된다. 그러나 메시지는 신뢰할 만한 사람인 '당신'을 통해 전달될 때 훨씬 효과적으로 전달된다. 관계를 맺는 것은 우연히 이루어지는 것이 아니라 오랜 시간에 걸쳐 발전시켜가야 하는 것이다. 또한 관계는 자연스러운 관심영역에서 이루어진다. 예를 들어, 당신이 테니스 경기를 좋아한다면, 테니스에 빠져 있는 사람과 쉽게 친해질 수 있다. 만일 당신이 클래식 CD를 모으기 좋아한다면, 같은 취미를 가진 사람을 만나는 것이 두 사람 모두에게 좋을 것이다. 만일 당신이 경제를 분석해 예측하는 것을 좋아한다면, 당신과 비슷한 사람을 만났을 때 당신은 경제를 보는 새로운 눈을 갖게 될 것이다. 일터가 일하는 곳일 뿐 아니라 관계를 세워가는 곳이라는 인식을 가질 때 당신이 일하는 방식은 변하게 될 것이다.

둘째, 당신의 일에서 최고의 결과를 이루어내는 것이다. 당신이 하는 일의 분야에서 할 수 있는 한 최고가 되라. 당신이 하는 모든 일에서 탁월하다는 명성을 쌓아라. 회사에 꼭 필요한 인재가 되라. 『카이젠』(개선)의 저자 마사아키 이마이(Masaaki Imai)에 의하면, 일본 기업이 경쟁 회사보다 우월하여 성공하는 핵심은 단계적으로 끊임없이 제품 공정을 향상시켜 나가는 것이다. 더 높은 기준에 도달하려는 욕구에는 만족이 없다. 모든 것은 향상될 수 있다. 고마쓰 제작소(Komatsu Ltd, 건설기계 및 중장비 생산회사)에는 더 높은 기준으로 자신의 업무를 수행하기 위해 매일 출근하고 싶어 하는 사원들이 있으며 그들은 다른 사원들보다 더욱 업무에 몰두한다고 이마이는 말한다. 만일 그 사원들이 그리스도인들이라면, 그들 때문에 그리스도인이라는 이름이 더 존경받게 될 것이다. 또한 그들이 자신의 믿음을 증거한다면 그들의 말은 삶과 일치하기 때문에 진실로 받아들여질 것이다.

요즘 유행하는 '종합적 품질관리'라는 말이 생기기 오래 전에 사도 바울은 그리스도인들이 다음과 같은 것들을 생각해야 한다고 말했다. "무엇에든지 참되며 ... 무엇에든지 사랑 받을 만하며 무엇에든지 칭찬 받을 만하며 무슨 덕이 있든지 무슨 기림이 있든지 이것들을 생각하라"(빌 4:8). 바울은 다음 구절에서 이런 덕목을 생각만 하지 말고 자신이 그들에게 모범을 보인 것처럼 행하라고 덧붙인다(빌 4:9).

셋째, 복음을 명확히 전하기 위한 훈련을 받으라는 것이다. 복음을 탁월하게 전할 수 있게 준비하라. 만일 종교적인 단어들을 많이 사용하지 않으면서 간단하게 복음을 설명할 수 있다면 가장 좋을 것이다. 복음을 명확하게 전달하는 것이 당신을 신뢰하게 만든다. 직장 동료들은 당신이 그들을 기독교라는 신학적인 미로로 초대하는 것이 아니라 역사상 가장 위대한 분과의 관계를 시작하도록 도전한다는 것을 깨닫게 될 것이다. 예수 그리스도는 길이요 진리요 생명이시다. 그를 통하지 않고는 누구든지 아버지께로 나올 수 없다(요 14:6).

그리스도인들이 직장에서 영향력을 끼칠 때가 되었다. 그러나 거기에는 따라야 할 규칙이 있다. 직장은 대학 캠퍼스나 해변에서 하루를 보내거나 백화점을 돌아다는 것과는 다르다. 고용주는 하루치 임금을 주면서 그만큼 일할 것을 요구한다. 그것은 공정하다. 그러나 여기서 멈추지 말고 더 나아가라. 좋은 관계를 세우고, 무엇을 하든 최고의 결과를 내며, 기회가 주어졌을 때 복음을 잘 전할 수 있는 사람이 됨으로써 역사상 가장 위대하신 분의 제자로 구별되는 삶을 살라.

08

위기 가운데
하나님을 드러낸 다니엘

(다니엘 2장)

위기는 하나님의 영광을 드러내는 기회가 될 수 있다.
이 과에서는 다니엘이 위기 상황에서
믿음으로 행동하여
하나님을 드러내는 것을 살펴보게 된다.

도입 | 최근에 꾼 꿈 때문에 불안한 적이 있는가? 기억에 남는 꿈에 대해 나누라.

위기를 기회로 삼은 다니엘

1. 느부갓네살 왕이 번민하며 갈대아 술사들에게 명령한 것은 무엇인가? 이 명령으로 다니엘을 포함한 갈대아의 지혜자들은 어떤 위기에 처하게 되었는가? (1~13절)

바벨론의 지혜자들

바벨론에서 종교를 기반으로 왕을 보좌하는 박수, 술객, 점쟁이, 갈대아 술사를 총칭한다(2, 12절).

* 박수: 꿈을 해석하고 백성들에게 인간의 운명에 관한 지식을 가르치는 바벨론의 학자이다.
* 술객: 재앙을 막기 위해 종교의식을 행하는 자이다.
* 점쟁이: 별자리를 통해 인간의 운명을 예측하는 사람을 지칭한다.
* 갈대아 술사: 갈대아 출신의 신전 봉사자로 바벨론 박사들 중 가장 높은 계급이었다.

2. 다니엘은 갑작스러운 위기 속에서 자신뿐 아니라 많은 사람들의 목숨을 구하기 위해 어떻게 행동했는가? (14~24절)

* 14~16절

* 17~18절

* 19~23절

* 24절

3. 다니엘이 위기를 극복하는 데 도움이 된 세 종류의 관계를 찾아보고, 당신의 삶에서 이러한 관계가 어떠한지 돌아보라.

(1)______________________ 과의 관계(14~16절)

(2)______________________ 과의 관계(17~18절)

(3)______________________ 과의 관계(19~23절)

하나님의 지혜를 드러낸 다니엘

4. 다니엘이 꿈을 해석하기 전에 왕에게 강조한 것은 무엇인가? 이를 통해 하나님의 일을 맡은 사람이 가져야 할 태도에 대해 무엇을 배울 수 있는가? (25~30절)

5. 하나님이 다니엘을 통해 밝히신 꿈의 내용과 해석은 무엇인가? 하나님이 그 꿈을 통해 알려주시는 것은 무엇인가? (31~45절)

* 왕의 꿈에 나온 신상과 그 해석

신상	재료	해석	역사
머리 (32절)		37~38절	바벨론 제국
가슴과 팔 (32절)		39절	페르시아 제국
배와 넓적다리 (32절)		39절	헬라 제국
종아리 (33절)		40절	로마 제국
발 (33절)		41~43절	그 후 여러 나라들

* 꿈의 내용 (34~35절):

* 하나님이 알려주시는 것(44~45절):

* 손대지 아니한 돌(34절): 사람의 손으로 쪼개거나 다듬지 않은 돌을 말하며, 이는 사람이 세운 나라가 아닌 하나님이 세우시는 영원한 나라를 가리킨다.
* 왕보다 못한 다른 나라(39절): 페르시아뿐 아니라 헬라나 로마제국은 정복한 영토나 나라의 수, 왕이 누린 영화에 있어서 바벨론보다 못하지 않았다. 그러나 바벨론 이후의 대제국들은 내적 통일성과 도덕성에서 바벨론보다 떨어졌기 때문에 바벨론보다 못하다고 표현한 것이다

6. 다니엘은 죽음의 위기 속에서도 믿음을 가지고 적극적으로 행동했다. 그 결과는 어떠했는가?(46~49절)

적용 | 다니엘은 아무런 잘못을 하지 않았지만 왕의 꿈 때문에 갑자기 죽을 위기에 처했다. 이처럼 당신은 외부의 상황 때문에 겪고 있는 어려움이 있는가? 그 상황에서 당신은 그리스도인으로서 어떻게 행동하겠는가?

결론 | 다니엘은 갑작스러운 위기 속에서도 믿음으로 행동하여 하나님의 지혜와 영광을 온 바벨론에 드러냈다. 그리스도인은 위기의 상황 속에서도 절망하지 말고 믿음의 관점을 가지고 주도적으로 행동해야 한다.

세상에서 제자로 살아가기 #8

졸업 후 직장, 가정, 사회에서 당면할 수 있는 위기상황을 예상해보고 이때 어떤 말씀을 기억하면 좋을지 찾아서 적어보라. 어떤 상황에서도 주님을 신뢰할 것을 함께 다짐하라.

Article

08

관계에 당신의 삶을 투자하라

데이브 썬데(Dave Sunde)

그는 로마제국 안에서 가려고 하는 곳은 어디든 통과할 수 있는 유력한 가문에 속해 있었지만, 더 가치 있는 부르심에 사로잡혔다. 그는 자신의 삶을 다음과 같이 말한다. "내가 여러 사람에게 여러 모습이 된 것은 아무쪼록 몇 사람이라도 구원하고자 함이니"(고전 9:22). 아마 이 이야기는 바울에 관한 것임을 짐작할 수 있을 것이다. 사도 바울, 성자 바울, 얼마나 대단한 사람인가! 신약 서신서 13권의 저자, 사업가(천막제조업), 전문가(유대교 신학 졸업생, 바리새파의 회원).

그러나 그가 성취한 이 모든 것을 뛰어넘어 더 놀라운 것은 사명에 대한 그의 헌신이다. 그는 누구든지 가리지 않고 모든 사람들과 관계를 맺으며 살았으며, 어디서든지 사람을 알게 되면 그에게 복음을 전했다. 당신에게 누군가가 "내가 복음을 위하여 모든 것을 행(한다)"(고전 9:23)고 말하는 것을 상상할 수 있는가? 그런데 바울은 그렇게 살았다. 그가 고린도전서

9:24~27에서 말한 것처럼 그의 전 생애는 주님이시며 주인이신 예수 그리스도께 대한 순종과 신실한 믿음으로 살아갈 목적으로 단련되었다.

어떤 사역이든지 가장 중요한 것은 사람이다. 하나님이 당신의 삶에서 일하고 계신다면, 하나님은 당신을 사람들에게서 멀어지게 하시지 않고 사람들을 향해 나아가게 하실 것이다. 고립되어 사는 것은 사탄이 우리와 내기를 하면서 우리를 점점 더 외롭고 자아중심적인 방향으로 나아가게 만드는 게임을 하는 것과 같다. 사도 바울은 관계를 세우는 것에 큰 관심을 가지고 있었기 때문에 이를 위해 그는 어떤 것도 서슴지 않았다. 이런 그의 삶은 고린도전서 9:19~23에서 관찰할 수 있다. 그는 관계를 맺기 위해 당시의 주요 종교, 율법주의자들, 자유사상가들, 그리고 하나님을 기쁘시게 하는 것을 확신하지 못하는 약한 자들(참고 로마서 14장)의 사고방식과 습관을 공감해주었다. 그는 그들 모두에 대해 종의 역할을 감당하였다.

모든 도시들과 다양한 문화에 속한 사람들이 그의 삶과 사역을 통해 예수님에 대한 믿음을 갖게 되었다. 2,000년이 지난 지금에도 우리는 여전히 그의 업적에 대해 이야기한다. 만일 우리가 사도 바울을 만난다면, 우리는 그의 추진력이나 열정이 아니라 그가 우리에게 관심을 갖는 것에 감탄할 것이다. 그는 겸손한 사람이었다. 진실로 위대한 사람은 항상 겸손하다. 그리고 만일 하루나 이틀 동안 그를 따라다닌다면 우리는 사람들을 향한 그의 놀라운 사랑에 감탄할 것이다. 우리는 그가 모든 사람을 알고 있었다고 생각하겠지만, 그렇지 않았다. 그는 단순히 그의 목표를 분명히 알고 행한 것이다.

"내가 여러 사람에게 여러 모습이 된 것은 아무쪼록 몇 사람이라도 구원하고자 함이니"(고전 9:22). 다만 몇 사람에게만 관심을 둔다는 것이 문제가 되는가? 만일 우리가 바울 사도가 보인 모범을 따라 소규모로 시작한다면, 우리는 먼저 우리 문화의 사고방식으로부터 벗어나야 할 것이다. 결국 바울이 했던 것처럼 우리도 주위 사람들의 삶의 방식에 상관없이 그들과 관계를 맺으라는 부름을 받았다.

하나님께서 가장 위대한 창조물을 향한 그의 사랑과 계획을 전달하기 위해 어떻게 하셨는가? 하늘에 그것을 기록하셨는가? 하늘로부터 천둥을 쳐서 그것을 말씀하셨는가? 돌판에 그것을 새기셨는가? 하나님은 이 모든 것들을 하실 수 있다. 그러나 하나님은 그의 아들 안에서 가장 뛰어나고 완전하게 전달하셨다. 하나님의 아들은 인간과 관계를 맺으시려는 하나님의 목적을 성취하기 위해 이 땅에 오셨다. 이것을 성육신이라고 부른다. 이제 전능하신 하나님과 개인적인 관계를 맺는 것이 가능하다. 거룩하신 하나님에 의해 하나님을 멀리 떠난 것과 모든 죄를 용서받는 것이 가능하다. 이 모든 것은 하나님의 아들, 예수 그리스도와의 개인적인 관계를 가질 때 가능하게 된다. 지금 우리는 사도 바울이 왜 관계를 맺는 것에 그의 삶을 바쳤는지 알 수 있다. 그는 예수 그리스도의 모범을 바라보고 있었다.

09

세 친구들의 담대한 믿음

(다니엘 3장)

그리스도인의 삶에는 믿음 때문에 받는 고난이 있다.
이 과에서는 믿음을 지키기 위해
죽음도 두려워하지 않는 세 친구들과
그들을 구원하시는 하나님에 대해 배우게 된다.

도입 | 당신은 가정, 사회, 공동체 안에서 권위자의 말을 따르지 않은 적이 있는가? 그때 당신의 마음은 어떠했는가?

신앙의 위협 앞에 담대한 세 친구들

1. 느부갓네살 왕이 거대한 금 신상을 세우고 명령한 것은 무엇이며 사람들은 어떻게 했는가? 느부갓네살이 왜 이러한 명령을 내렸다고 생각하는가? (1~7절)

* 금 신상(1절): 당시 근동지역을 정복하여 자신감을 가진 느부갓네살이 자신의 공적을 기리고 자신이 섬기는 신에게 감사를 표하기 위해 세운 것으로 추측된다. 1규빗은 약 45cm로 신상의 높이는 대략 27m이며 너비는 2.7m이다.
* 낙성식(2절): 신상을 안치한 후에 이를 기념하여 가진 예식을 말한다.
* 풀무불(6절): 금속을 녹이거나 벽돌을 굽기 위해 사용되던 용광로를 말한다. 고대 사회에서는 이러한 도구로 형벌을 주는 일이 종종 있었으며 이것을 지켜볼 수 있는 관람석도 있던 것으로 추측된다.

2. 다니엘의 세 친구들은 위험을 무릅쓰고 왕의 명령에 복종하지 않았다. 그들이 이렇게 행동한 이유는 무엇이며 그로 인해 어떤 곤

경에 처하게 되었는가? (8~12절; 참고 출 20:3~5)

3. 느부갓네살 왕은 고발된 세 친구들에게 신상에게 절하지 않으면 풀무불에 던질 것이며 어떤 신도 그들을 구해낼 수 없다고 위협했다. 그의 위협은 사실상 누구를 향한 도전이며 이러한 상황에서 세 친구들은 어떻게 대응했는가? (13~18절)

하나님의 능력을 찬양하는 느부갓네살

4. 세 친구들이 끝까지 신상에 절하지 않겠다고 하자 느부갓네살은 어떻게 했는가? 하나님은 세 친구들이 처한 상황에 어떻게 개입하셨는가? (19~27절)

5. 하나님이 세 친구들을 구원하신 것을 본 느부갓네살 왕의 태도는 어떻게 변했는가? (15, 28~30절)

6. 2~4장을 볼 때 본문에서 나타난 느부갓네살의 변화가 진정한 변화였다고 생각되는가? 그럼에도 그의 변화는 어떤 의미를 주는가? (28~30절; 참고 2:47, 3:15, 4:30)

4장 요약

4장은 느부갓네살이 꿈을 꾸고 그대로 이루어진 것을 모든 백성에게 알리는 조서의 내용이다. 그의 꿈은 교만한 자신을 상징하는 큰 나무가 하늘에서 내려온 한 순찰자에 의해 베어지고 그 그루터기가 정해진 시간까지 쇠와 놋줄로 묶인다는 내용이었다. 그 뒤 실제로 느부갓네살이 자기 스스로의 힘과 능력으로 바벨론 제국을 이루었다는 교만한 마음을 가진 순간 그는 하나님의 심판을 받아 야생 동물처럼 살게 되었고, 하나님의 주권을 깨달을 때 그의 정신이 돌아왔다. 왕위를 회복한 느부갓네살은 하나님이 역사의 주관자이심을 제국에 선포했다.

적용 | 당신에게 영향력을 행사할 수 있는 윗사람으로부터 신앙에 대한 부정적인 평가나 비난을 받은 경험을 나누어보라. 믿음의 삶을 지속하기 위해 어떻게 대응할 수 있을까?

결론 | 세 친구들은 목숨을 위협하는 절대 권위자 앞에서도 하나님을 향한 믿음을 담대하게 선언했고, 하나님은 느부갓네살의 도전에 직접 대응하셔서 온 세상에 하나님이 주권자이심을 알리셨다. 그리스도인은 모든 상황을 주관하시는 하나님을 신뢰하며 어떤 위협 앞에서도 담대해야 한다.

세상에서 제자로 살아가기 #9

졸업 후 하나님의 말씀보다 당신의 삶에 더 큰 영향을 끼칠 수 있는 대상을 생각해 보고 주의해야 할 점을 서로 나누라.

Article

09

복음을 전할 것인가? 복음을 잃을 것인가?

짐 로드스(Jim Rhodes)

몇 년 전에 만났던 댄(Dan)이라는 학생이 생각난다. 그는 하나님에 대해 더 알고 싶고 다른 사람들에게 예수님과의 인격적인 교제에 대해 나누는 방법을 배우고 싶어서 여름방학 훈련에 참석했었다. 방학동안 일터에서 많은 시간을 보내게 될 것을 알고 그는 가을학기를 위한 학비를 벌면서도 예수님을 위해 최대한 영향력을 미칠 수 있는 아르바이트를 간절히 기도하며 찾고 있었다. 댄은 며칠을 고민하더니 지역 편의점에서 일하도록 주님이 인도하신다고 믿고 그 곳에서 일하기로 했다.

그러나 며칠이 지나지 않아 댄이 근심이 가득한 표정으로 나를 찾아왔다. 그는 편의점에서 일하는 것이 마음에 들지만 문제가 있다고 했다. 일을 하기로 결정한 후에 그는 편의점 카운터에서 포르노잡지를 팔고 있다는 것을 알게 되었고 자신도 계속해서 손님들에게 그것을 팔아야 했다. 하지만 주님은 그에게 밤에는 훈련을 받으며 그리스도의 복음을 나누는 것에 대해 이야기하고 낮에는 사람들의 삶을 파괴하는 물건을 사람들에게 파는 것은 옳지 않다는 것을 보여주셨다.

함께 이야기를 나눈 후 댄은 자신이 어떻게 행동하면 좋을지 며칠 동안 간절하게 하나님께 기도했다. 처음에는 '아르바이트를 구할 때 주님의 음성을 제대로 듣지 못한 것은 아닐까'하는 생각이 들기도 했고, '당장 이 일을 그만두고 주님의 뜻과 타협하지 않아도 되는 새로운 곳을 알아봐야 하는 것은 아닐까'도 생각했다. 하지만 기도를 하면 할수록 하나님이 그곳으로 인도하셨고 이 일을 해결하는 것이 하나님이 그를 부르신 사역의 일부라는 것을 확신하게 되었다. 댄은 구약의 다니엘과 같이 일자리보다 그리스도와의 관계가 더 중요하다는 것을 알았고, 비록 원하는 상황은 아니지만 어둠 속에서도 주님의 빛을 비추기로 결심했다.

댄은 부담스런 마음으로 편의점 주인과 개인적인 약속을 하고 만났다. 그는 먼저 주인에게 편의점에서 일하는 것이 감사하고 즐거운 일이라고 말했다. 그렇지만 포르노잡지를 파는 것에 대해 어려움을 느낀다고 덧붙였다. 그는 주인에게 그 잡지를 치우고 더 이상 팔지 않을 것을 공손한 태도로 부탁했다. 뜻밖에도 주인은 댄이 가진 신념에 감동을 받았고 심지어는 자신도 젊은 시절에 높은 도덕적 신념이 있었다고 말하기까지 했다. "하지만," 주인이 말을 이어갔다. "나처럼 조금 더 나이가 들면 너도 이 일이 단순히 사업에서 생존하기 위해 해야 하는 일이라는 것을 이해하게 될 거야. 내가 잡지를 팔지 않더라도 경쟁자들이 잡지를 판매할 것이고, 그러면 나는 잡지를 팔며 얻었던 이익뿐 아니라 그 잡지를 사러 왔던 사람들로부터 벌어들이는 수입마저도 손해를 보게 될 거야."

댄은 이러한 주인의 말에도 동요하지 않고 구약의 다니엘처럼 한 가지를 제안했다. "잡지를 판매대에서 치운다면 주님이 사장님의 결정을 기뻐하시리라고 확신해요. 사장님의 사업이 실제로 더 번창하도록 기도할게요. 두 주 동안 한번 시험해 보는 게 어때요?"

편의점 주인은 댄의 제안을 듣고 잠시 생각했지만, 댄이 믿는 하나님이 자신의 사업에 개입하실 것이라고 신뢰하지 못했다. 결국 그는 잡지를 계속 팔겠다고 했다. 그러자 댄이 이번에는 잡지를 팔아 벌어들이는 수익이 어느 정도인지 물었다. 주인은 정확히 알지는 못하지만 상당한 비중일 것이라고 했다. 댄은 침을 꿀꺽 삼킨 후, 만일 잡지를 치워서 사업이 손해를 보고 어려워진다면 잡지를 팔아 편의점이 얻었던 수익을 자신의 월급에서 제할 것을 제안했다.

주인은 댄의 제안에 놀라며 "이게 너에게 그렇게 중요한 문제니?"라고 물었다. 댄은 그렇다고 대답했다. 주인은 "그렇다면 잡지를 치우도록 하마"라고 대답했다. 주인은 그날 바로 포르노잡지를 다 치웠고 그 뒤로 잡지는 다시 그 가게에 비치되지 않았다.

그 후 몇 년 동안 그 편의점을 지나칠 때마다 나는 그리스도인이 일터에서 변화를 일으킬 수 있다는 사실을 생각하곤 했다. 하나님은 우리가 살고 있는 이 세상과 사회를 변화시키기 위해 우리를 사용하실 수 있다. 돌아보면 그 사건은 단지 한 가게가 사람들의 삶을 파괴하는 물건을 팔지 않게 된 것뿐이었다. 단지 편의점 주인 한 사람이 하나님께서 그의 삶과 사업에 관여하신다는 것을 알게 되었을 뿐이다. 하지만 이렇게 별로 큰 일이 아닌 것 같은 시나리오가 다시, 또 다시 반복해서 일어난다면 얼마나 큰 변화를 만들겠는가? 아마 사회 전체가 변화될 것이라고 믿는다. 그리스도인들이 각자의 자리에서 주님의 빛을 비추기로 결심하고 살아간다면 기독교를 의심스럽게 쳐다보던 수많은 사람들도 다니엘과 댄의 하나님에 대해 관심을 갖게 될 것이라고 확신한다.

מנא מנא תקל
ופ

10

벨사살에 대한 하나님의 심판

(다니엘 5장)

하나님은 역사를 주관하시는 분이다.

이 과에서는 교만한 벨사살에 대한 하나님의 심판이

다니엘을 통해 선포되는 것을 보게 된다.

도입 | 절대 망하지 않을 것 같던 기업이나 상점, 식당이 갑자기 망한 것을 본 적이 있는가?

심판을 기록하는 손가락

1. 벨사살 왕은 자신이 베푼 잔치에서 무엇을 했으며 그때 무슨 일이 일어났는가? (1~9절)

2. 다니엘은 잔치에 초대받거나 글자를 해석하도록 부름 받은 지혜자들에 포함되지 않았지만 왕비의 추천을 받아 왕 앞에 나아왔다. 왕비가 다니엘을 추천한 이유는 무엇인가? (10~12절)

* 왕비(10절): 다니엘이 느부갓네살의 꿈을 해석한 약 30년 전의 일을 아는 것을 볼 때 왕비는 왕의 어머니인 '태후'로 보인다. 왕의 어머니이기 때문에 왕 앞에 자유롭게 나아가 다니엘의 존재를 왕에게 상기시켜줄 수 있었을 것이다.

다니엘의 해석과 벨사살의 죽음

3. 다니엘은 손가락이 쓴 글씨를 해석하기에 앞서 느부갓네살의 삶을 요약하고 있다. 느부갓네살의 삶은 어떠했으며 그의 삶을 통해 하나님에 대해 알 수 있는 것은 무엇인가? (17~21절)

* 왕의 부친(18절): 벨사살의 실제 아버지는 느부갓네살의 사위 나보니두스이다. 고대 근동에서는 선조나 전임자를 아버지라고 부르기도 했다.
* 그의 마음이 들짐승의 마음과 같았고(21절): 느부갓네살이 들에서 지내며 소처럼 풀을 먹고 머리털이 독수리 털같이, 손톱이 새의 발톱같이 된 것은 자신을 동물이라고 생각하는 동물화망상(zoanthropy)에 걸렸기 때문으로 보인다. 쐐기문자가 새겨진 토기 파편에 그가 정신질환으로 아들에게 직무를 맡겼다는 것을 암시하는 기록이 있다(Zondervan Illustrated Bible Backgrounds Commentary vol.4, 2009, p.540~541).

4. 손가락들이 벽에 기록한 심판의 내용과 뜻은 무엇인가? 왜 벨사살은 하나님의 심판을 받을 수밖에 없었는가? (22~28절)

* 심판의 내용과 뜻(25~28절)

* 심판의 이유(22~24절)

* 우바르신(25절): '우'와 '바르신'의 복합어로 '우'는 '그리고'라는 접속사이며 '바르신'은 '나뉘다'는 뜻을 가진 '베레스'(28절)의 복수형이다.
* 메대와 바사(28절): 바벨론이 고대 근동에서 제국을 형성했을 때 접경국인 바사(페르시아)는 메대의 속국이었지만, 이후 독립하여 메대를 정복하고(B.C. 550년) 바벨론까지 정복했다(B.C. 539년). 메대와 바사는 왕실 결혼관계로 맺어져 있었기 때문에 바사제국은 초기에 메대·바사라 불렸다. (개관 지도 참조)

5. 하나님이 당신의 삶의 주권자이심을 잊고 당신이 가진 것으로 교만한 마음을 품은 적이 있는가?

6. 하나님은 손가락으로 쓰신 말씀을 어떻게 성취하셨으며 이 과정에서 다니엘은 어떤 역할을 했는가? (30~31절)

적용 | 벨사살은 하나님이 주신 부귀영화로 교만하게 행동하여 패망했지만, 다니엘은 하나님이 주신 지혜로 하나님이 온 세상의 통치자이심을 드러냈다. 하나님이 주신 은혜를 기억하며 감사를 표현하고, 당신이 그것으로 어떻게 하나님의 영광을 드러낼 수 있을지 생각해보라.

결론 | 하나님은 초자연적인 방법으로 교만한 벨사살을 심판하시고 다니엘을 통해 하나님이 역사의 주관자이심을 드러내셨다. 그리스도인들은 교만하게 행하지 말고 하나님이 주신 것으로 하나님의 영광을 드러내야 한다.

세상에서 제자로 살아가기 #10

취업 후 생활이 안정되면 하나님이 주신 것을 자신의 것으로 여겨 그것을 도리어 하나님과 멀어지는 데 사용할 수 있다. 여러 위험 요소들을 생각해보라.

Article

10

직장에서 복음을 전하려는 도전자들

데이브 썬데(Dave Sunde)

그리스도인은 직장에서 자산과 같이 유익한 존재인가, 빚과 같이 부담이 되는 존재인가? 두 말할 필요 없이 그리스도를 따르는 자는 직장에서 유익한 자산이다. 왜냐하면 그들은 직장에 도움이 되려는 강한 동기를 가지고 일하기 때문이다. "무슨 일을 하든지 마음을 다하여 주께 하듯 하고 사람에게 하듯 하지 말라 이는 기업의 상을 주께 받을 줄 아나니 너희는 주 그리스도를 섬기느니라"(골 3:23~24).

그리스도인들이 직장에 유익한 자산이 되는 또 다른 이유는 주님이 그들에게 새 마음을 주셨기 때문이다. 사도 바울은 이렇게 말한다. "외인에게 대해서는 지혜로 행하여 세월을 아끼라 너희 말을 항상 은혜 가운데서 소금으로 맛을 냄과 같이 하라 그리하면 각 사람에게 마땅히 대답할 것을 알리라"(골 4:5~6). 그리스도인들은 동료들에게 은혜와 아량을 넘치도록 베풀 잠재력을 가진 자들이다.

예수님은 우리가 세상에서 빛과 소금과 같다고 말씀하셨다. 빛과 소금은 모두 직장을 변화시키는 것에 대한 비유이다. 그리스도인은 무미건조하고 죽어가는 세상에서 음식을 보존하고 맛을 내는 소금과 같은 역할을 해야 한다. 또한 그리스도인들은 암흑과 어둠 속에 있는 직장을 아름다운 광채로 밝게 만들 수 있다. 이러한 비유는 직장 안에서 그리스도인들의 삶에 대한 좋은 청사진이 된다. 빛과 소금이 되고자 하는 동기를 가진 그리스도인들은 삶의 질뿐만 아니라 업무의 양과 질로 그리스도를 증거하는 삶을 산다.

이러한 동기는 그리스도인의 삶의 성숙도를 반영한다. 빛과 소금이 되고자 하는 동기로 직장생활을 하는 사람은 출근하기 전 매일 경건의 시간을 가지며, 그리스도를 따르기 위해 치러야 할 대가를 알고 헌신한 사람일 것이다. 그는 한마디로 그리스도의 제자이며 성경 말씀에 민감하게 순종하여 삶의 변화를 보이는 사람일 것이다. 그뿐 아니라 믿음의 동료들로 구성된 소그룹의 격려가 얼마나 가치 있는가를 경험하고 있는 사람일 것이다.

그렇다면 많은 그리스도인들이 왜 직장에서 유익한 자산이 되지 못할까? 가장 큰 이유는 성숙한 그리스도인의 삶을 경험하지 못하기 때문일 것이다. 그런 그리스도인들은 직장에서 주님을 위해 일하는 것이 아니라 월급을 받기 위해서나 아무런 목적도 없이 하루하루를 보내기 위해서 일한다. 그들의 업무 생산성도 낮을 수밖에 없다. 슬프게도, 이런 모습은 주님과 그들의 관계가 어떠한지 직접적으로 보여준다. 하나님의 능력과 은혜가 삶에서 흘러나오지 않는 자들은 그들 안에 있는 하나님의 생명을 드러내는 모범이 될 수 없다. 그뿐 아니라 하나님이 부여하신 일에 대한 가치는 시리지고 일은 힘들고 고된 노동으로 바뀌게 된다.

반면, 어떤 직장에서는 동기 부여되고 열정적인 그리스도인들이 탁월하게 일하지만 여전히 유익한 존재가 되지 못하는 경우가 있다. 그들이 하나님을 섬기는 것처럼 열심히 일하므로 맡겨진 일만 최소한으로 하려는 동료 직원들에게 부담과 불쾌감을 주기 때문이다. 이런 상황에서 이 그리스도인들이 복음을 전하려고 한다면, 메시지가 아니라 메신저에 대한 불편함 때문에 효과를 보기 어렵다. 그러면 어떻게 직장에서 복음을 전해야 하는가?

직장에서의 복음 전도: 지혜롭게 하라.

직장에서의 복음 전도는 삶의 증거가 있어야 한다. 삶의 증거는 복음 전도의 기초라고 할 수 있다. 직장에서 동료들과 친밀한 관계를 맺지 않고 복음을 전하면 제대로 받아들여지지 않는다. 복음을 나누는 것은 친밀한 관계가 쌓일 때 가장 효과적이다. 직장에서 복음을 전할 때는 공격적으로 전도할 때와는 다른 원칙을 따라야 한다.

그리스도인 직장인이 사내 규칙을 위반하지 않고 조심스럽고 지혜롭게 접근하더라도 복음 전도는 여전히 긴장을 일으킨다. 대부분의 고용주들은 직원들이 회사에서 복음 전하는 것에 신경이 쓰인다고 말한다. 그들이 불편한 이유는 업무시간에 종교에 대해 말하기 때문이고 또 하나는 노동조합이나 다른 동료 직원들의 반발 때문이다. 반대하는 이유로 업무 생산성은 크게 중요한 요인이 아니었다.

가장 큰 이유는 대부분의 고용주들이 직원들의 개인적인 영역이 침해받지 않도록 매우 조심스러워하는 분위기 때문이다. 항상 종교는 개인적인 영역에 속한다고 여겨진다. 종교는 개인의 삶에 도전을 주고 자신들이 바른 길에 서있는지 돌아보게 한다. 따라서 사람들의 마음이 동요될 수 있다. 그렇기 때문에 고용주나 상사들은 "그런 것은 회사에서 하지 말고 개인적인 시간에 다루라"고 한다. 따라서 직장인들은 삶의 영향력으로 직장복음화를 시작해야 한다. 직장생활 속에서 당신과 주님과의 교제가 성장해가는 것을 자연스럽게 나타내라. 주님이 복음의 문을 열어주실 것을 신뢰하며 동료들의 반응을 세밀하게 살피라.

그리스도인들은 완벽하지 않다

당신의 삶의 질은 직장에서의 증거로 이어진다. 그러나 효과적인 전도를 위해 완벽한 그리스도인이 되어야 한다는 속삭임에 주의해야 한다. 때로 비그리스도인들이 우리에게 성경보다 더 높은 수준의 삶을 기대하지만 우리는 현실을 직시해야 한다. 동료 직장인들도 참된 그리스도인이 되는 것은 완벽함과는 관계가 없다는 것을 알 필요가 있다. 참된 그리스도인이 되는 것은 단지 예수 그리스도께서 이루신 구원을 믿음으로 하나님과 바른 관계를 갖는 것을 의미한다. 이는 영적으로 다시 태어나는 경험이며 새로운 정체성을 선물로 받는 것이다. 그리스도인이 되는 것은 영원한 삶을 결정하는 순간의 결심이지만, 자신의 삶을 향한 하나님의 계획을 깊이 이해하는 것은 점진적이다. 영적으로 새롭게 태어났다고 해서 단번에 성숙해지지 않는다. 성숙은 평생의 훈련을 통해 이루어진다.

이 사실은 스스로 무익하고 비효과적인 증인이라고 느끼는 직장인 그리스도인들에게 중요하다. 많은 경우 그리스도인들이 완전하게 성숙되고 훈련될 날이 있을 것이라고 기다린다. 그리고 동료들이 복음에 흥미가 없고 마음이 닫혀 있을 것이라고 넘겨짚는다. 그들은 언제가 그들의 빛이 밝게 빛날 것이라고 생각하고 기다리기만 한다. 하지만 완벽해야 한다는 생각을 잊어버리고 지금 자신이 있는 자리에서 시작할 필요가 있다. 진리를 찾는 누군가는 당신이 진지하게 걸어가는 순례사의 길에 매력을 느낄 것이다.

직장에서의 증거란 무엇인가?

직장에서 증거한다는 것은 그리스도인들이 동료들에게 영향을 미치는 것이라고 할 수 있다. 즉, 그리스도인 한 사람이 존재함으로서 어둠을 몰아내는 것을 말한다. 이런 의미에서 직장에서 그리스도인들은 그 존재가 복음의 증거라고 할 수 있다.

우리는 모두 독특한 개인이므로 우리가 어떤 사람인가에 따라 증거의 형태가 다양하게 나타나게 된다. 어떤 이들은 그리스도가 주신 자비, 긍휼, 섬세함이라는 은사를 통해 직장 동료에게 관심을 갖고 돌봄으로 증인이 된다. 어떤 이들은 동료의 필요와 어려움을 위해 기도하는 것을 통해 증인이 된다. 또는 즐겁고 긍정적이며 격려하는 친구가 되어주거나 주님이 주시는 지혜로 상담하고 조언하는 것으로 증인이 될 수 있다.

모든 그리스도인들은 증거하기를 소망한다. 그것을 회사에서의 "임재"라고 부른다. 그것은 성실한 직원이 됨으로서, 동료들을 돌아보는 사람이 됨으로서, 신실한 사람이 됨으로서, 다른 사람들을 격려하는 쾌활한 사람이 됨으로서 감동을 전달하는 사람이다. 이것은 많은 것을 각오해야 하고 각 사람의 기질도 고려해야 한다. 하지만 하나님은 우리가 하나님을 드러내는 매력적인 존재가 되도록 도우실 것이다. "성령이 너희에게 임하시면 권능을 받고 … 내 증인이 되리라"(행 1:8).

어디서부터 시작해야 하는가?

중요한 것은 직장에서 당신이 누구이며 어디에 있는지 인식하는 것이다. 하나님은 우리의 영적 성장 단계에 상관없이 우리를 사용하실 수 있다. 물론 성숙의 단계와 증거의 내용은 직접적으로 연관된다. 그러나 예수님은 그분을 따르는 자들을 세상에서 빛과 소금이라고 말씀하셨으므로 우리는 주님의 깃발 아래에서 우리 자신을 바라보아야 한다. "너희는 세상의 소금이니 소금이 만일 그 맛을 잃으면 무엇으로 짜게 하리요 후에는 아무 쓸 데 없어 다만 밖에 버려져 사람에게 밟힐 뿐이니라 너희는 세상의 빛이라 산 위에 있는 동네가 숨겨지지 못할 것이요 사람이 등불을 켜서 말 아래에 두지 아니하고 등경 위에 두나니 이러므로 집 안 모든 사람에게 비치느니라 이같이 너희 빛이 사람 앞에 비치게 하여 그들로 너희 착한 행실을 보고 하늘에 계신 너희 아버지께 영광을 돌리게 하라"(마 5:13~16).

복음은 항상 반대 세력이 있다. 영적인 전쟁은 실제이다. 그러나 복음은 "모든 믿는 자에게 구원을 주시는 하나님의 능력"(롬 1:16)이라는 것을 기억하라. 그러므로 당신의 직장 동료들에게 당신이 진정으로 그들에게 관심을 갖고 있다는 것을 알게 하라. 현실을 직시하면서도 동시에 하나님께서 문을 여시기를 항상 기도하라. 하나님은 기도에 응답하신다.

11

타협하지 않는 믿음

(다니엘 6장)

참된 믿음은 세상과 타협하지 않는다.
이 과에서는 사자 굴의 위협에도 불구하고
신앙을 지킨 다니엘의 모습을 통해
타협하지 않는 믿음에 대해 배우게 된다.

도입 | 과거에 억울한 일을 당한 경험을 나눠보라.

타협하지 않는 다니엘

1. 다니엘과 함께 일하던 총리와 고관들은 왜 다니엘을 모함하려고 했는가? (1~4절, 참고 13절)

* 다리오(1절): 벨사살 이후 나라를 얻은 메대 출신의 왕이다(5:31). 그가 누구인가에 대한 여러 견해가 있다. 아마도 바벨론 멸망 후 페르시아의 초대 왕 고레스가 제국을 넓혀가는 기간에 강 서쪽 바벨론과 메대 지역을 다스리도록 세운 총독이자 왕인 것으로 보인다.
* 총리(2절): 세 명의 총리는 각 도를 다스리는 120명의 고관을 관리하며, 고관들을 통해 걷은 세금으로 왕의 통치를 강화했다.
* 마음이 민첩하여(3절): 원어는 '탁월한 영이 있어'라는 의미로 모든 일에 통찰력과 분별력을 가진 총명함을 말한다.

2. 다니엘을 미워했던 총리와 고관들은 어떤 계략을 꾸몄는가? (5~10절)

3. 다니엘은 자신을 함정에 빠뜨리기 위한 법이 만들어진 것을 알면서도 매일 하나님께 드리던 기도를 중단하지 않았다.(10~11절) 그가 기도를 중단하지 않았던 이유는 무엇이라고 생각하는가?

*** 예루살렘을 향한 기도(10절)**

윗방에 올라가 예루살렘 방향의 창문을 열고 기도한 것은 예루살렘에 하나님의 임재를 상징하는 성전이 있었기 때문이다. 예루살렘을 향해 기도하는 것은 하나님이 이스라엘을 회복시킬 것을 기대하는 간절한 믿음의 표현이다(왕상 8:48~50).

4. 요즘 당신의 기도생활은 어떠한가? 기도생활을 지속하기 어렵다면 그 이유는 무엇인가?

다니엘을 구원하신 하나님

5. 다리오는 다니엘의 탁월함과 순전함이 그가 섬기는 하나님께로부터 왔다는 것을 알고 다니엘이 처한 곤경을 마음 아파하며 하

나님께서 구원해 주시기를 간절히 바란다. 그 과정에서 나타난 다리오의 심정과 하나님에 대한 관점을 살펴보라. (12~27절)

* 12~14절

* 16~18절

* 19~20절

* 23~24절

* 25~27절

6. 다니엘과 다니엘을 고소했던 사람들의 서로 다른 결말은 포로로 끌려와 믿음을 지키며 살아가던 유대인들에게 어떤 의미를 주었다고 생각되는가? (23~27절)

적용 | 당신이 평생 그리스도인으로 살아가며 어떤 상황에서도 타협하지 않고 믿음을 지키기 위해 지금 준비하고 결심할 것은 무엇인가?

결론 | 다니엘은 자신을 해하기 위해 법이 만들어졌다는 것을 알면서도 하나님께 기도하는 것을 멈추지 않고 믿음을 지켰다. 그리스도인은 믿음을 위협하는 상황을 만나더라도 타협하지 않고 하나님의 구원을 소망하며 믿음을 지켜야 한다.

세상에서 제자로 살아가기 #11

당신이 캠퍼스를 떠나 평생 그리스도인으로 살아갈 때 믿음을 방해하는 수많은 유혹과 고난이 있을 것이다. 그럴 때 다음과 같은 말씀을 붙들 수 있도록 암송하여 마음에 새기라.

[다니엘 12:3] 지혜 있는 자는 궁창의 빛과 같이 빛날 것이요 많은 사람을 옳은 데로 돌아오게 한 자는 별과 같이 영원토록 빛나리라
[요한계시록 2:10] 너는 장차 받을 고난을 두려워하지 말라....네가 죽도록 충성하라 그리하면 내가 생명의 관을 네게 주리라

Article

11

일의 신화

밥 튠(Bob Thune)

하나님께서 당신을 부르신다

대학 졸업반 시절, 나는 자주 미래의 시간들을 어떻게 보낼 것인지에 대해 고민하고 기도했다. 많은 멘토와 전임사역자들과 이야기도 나눴다. 멘토들이 들려준 이야기들 중 가장 기억에 남는 단어는 "부르심"이다. "하나님께서 무슨 일을 하도록 너를 부르셨니?"라고 그들은 묻곤 했다. 하나님은 우리 각자를 어떤 특정한 일로 부르신다. 하지만 대다수의 사람들은 "부르심"이라고 하면 전임사역자를 떠올린다. 마치 하나님이 일반적인 일을 하는 그리스도인과 사역자로 부르신 그리스도인으로 나누신 것처럼 생각한다.

전임사역자가 된 후에 나는 "부르심"의 의미에 대해 다시 생각하게 되었다. 캠퍼스 사역을 하는 나의 멘토 중 한 분이 그리스도인들 중에서 '전임사역자'라는 특별한 부르심을 받는 사람이 있다고 말씀하셨다. 나는 후원자를 모집할 때 이 말을 사용하곤 했다. "당신이 하나님께 소명을 받지 않았다는 것은 알아요. 하지만 당신은 하나님께 소명을 받은 저와 같은 사람을 후원하도록 부르심을 받은 거죠!" 하지만 몇 년 지나지 않아 이 생각을 바로 잡아야 했다. 부르심을 뜻하는 vocation의 라틴어 어원 voca의 뜻은 "부르다"이며 언젠가부터 사람들은 모든 종류의 일을 부르심이라고 생각하기 시작했다. 이 개념은 부르심 전반에 대한 나의 이해를 재점검하게 했다. 일 자체는 본질적으로 영적인 것이며 직업이 무엇이든 관계없이 자신의 일을 잘 해 나갈 때 당신은 하나님의 뜻을 성취하는 것이다.

일은 선한 것이다

나는 성령님의 부르심에 대해 개인적으로 느끼는 어떤 확신이 있다고 믿는다. 하나님은 분명히 각 사람을 어떤 고유한 일로 부르신다. 그렇지 않다면 어떻게 수입이 더 좋은 직업을 포기하고 재정적 후원을 받아야 하는 CCC 전임사역을 선택하는 사람들이 있겠는가?

그리스도인에게 있어서 직업은 소명이다. 무슨 일을 하든지 돈을 벌기 위해서만 일해서는 안 된다. 단순히 그 일을 전공했기 때문에 하는 것도 아니다. 그 일로 하나님께 영광을 돌리기 위해 하는 것이다. 먼저 신약성경에서 근본이 되는 두 구절을 찾아보자.

> "그런즉 너희가 먹든지 마시든지 무엇을 하든지 다 하나님의 영광을 위하여 하라"(고전 10:31).
> "이는 만물이 주에게서 나오고 주로 말미암고 주에게로 돌아감이라 그에게 영광이 세세에 있을지어다 아멘"(롬 11:36).

이 말씀들에 의하면, 하나님은 모든 일을 통해 영광을 받으신다. 그리스도는 모든 것의 원천이시며 방법이시며 목적이시다. 인생의 모든 것이 하나님의 영광과 그리스도의 탁월성을 드러내야 한다. 단순히 내가 번 돈으로 하나님을 섬기겠다고 작정하는 것이 아니라, 하나님께 영광을 돌리겠다는 마음이 일에 대한 관점을 변화시키고 새롭게 해야 한다.

대부분의 불신자들은 일을 단순히 돈 버는 수단으로만 생각한다. 더 많은 돈을 벌기 위해, 은퇴 후 풍요롭게 살기 위해, 혹은 자녀들에게 더 좋은 환경을 제공하기 위해 일을 한다. 그리스도인들도 크게 다르지 않다. 어쩌면 그리스도인의 목적이 불신자들에 비해서 좀 더 거룩할 수는 있다. 예를 들면, 십일조를 풍성히 드리기 위해서, 혹은 그리스도를 증거할 기회를 얻기 위해서 등이다. 하지만 여전히 그 일을 통해 무언가를 얻기 위해 일을 한다. 결과적으로 그 일을 통해 하나님께서 영광을 받으시겠지만, 일을 하는 도중에는 종종 하나님이 무시되곤 한다.

일에 대한 우리의 시각을 바로 잡으려면, 에덴동산으로 돌아가야 한다.

> 여호와 하나님이 땅의 흙으로 사람을 지으시고 생기를 그 코에 불어 넣으시니 사람이 생령이 되니라 여호와 하나님이 동방의 에덴에 동산을 창설하시고 그 지으신 사람을 거기 두시니라 여호와 하나님이 그 땅에서 보기에 아름답고 먹기에 좋은 나무가 나게 하시니 동산 가운데에는 생명 나무와 선악을 알게 하는 나무도 있더라… 여호와 하나님이 그 사람을 이끌어 에덴 동산에 두어 그것을 경작하며 지키게 하시고(창 2:7~9, 15)

성경에서 일은 죄의 결과로 받게 된 형벌이 아니라 하나님이 사람을 위해 만드신 원래의 계획 속에 들어 있었다. 창세기 2:15에서 "경작하다"라고 번역된 히브리어는 '일' 혹은 '섬김'의 의미를 지닌다. 즉, 아담은 하나님의 창조물을 섬기도록 부름 받았다. 또한 "지키다"라는 말은 보호하거나 돌보는 것을 의미한다. 하나님은 아담을 자신의 창조물을 돌보는 자로 부르셨다. 하나님은 우리가 일을 하도록 창조하셨다.

> 하나님이 자기 형상 곧 하나님의 형상대로 사람을 창조하시되 남자와 여자를 창조하시고 하나님이 그들에게 복을 주시며 그들에게 이르시되 생육하고 번성하여 땅에 충만하라 땅을 정복하라 바다의 물고기와 하늘의 새와 땅에 움직이는 모든 생물을 다스리라 하시니라(창 1:27~28)

하나님은 아담과 하와로부터 시작된 경건한 후손들이 세상을 다스리기를 원하셨다. 정복하고 다스린다는 말은 하나님이 천지를 창조하신 모습을 상기시킨다. 하나님은 혼돈 가운데 천지를 창조하셨고, 그의 말씀으로 천하 만물을 다스리신다. 아담과 하와는 온 세상을 에덴동산처럼 만들라는 하나님의 명령을 받았다. 이것은 하나님이 기적으로 이루실 일이 아니라 하나님의 소명을 받은 사람이 노력해서 성취해야 할 일이었다.

신학자들은 창세기 1:27~28을 "문화 명령"이라고 부른다. 하나님은 인간에게 문화를 만들라고 명령하셨다. 아담과 하와의 자녀들이 가정을 세우고, 자손들이 도시와 사회적 네트워크를 형성하게 하셨다. 따라서 성경에서 구속 받은 인간의 궁극적인 모습을 도시로 그려내는 것은 그리 놀라운 일이 아니다(계 21:2). 인간을 향한 하나님의 목적은 동산에서 시작되었지만, 거대한 문화를 만들어 냄으로 절정을 이루게 된다. 하나님은 온 땅이 하나님의 영광과 아름다움과 위엄을 드러내는 전시장이 되기를 원하셨다.

이처럼 일은 태초부터 하나님이 계획하신 것이며 모든 이의 생명과 문화의 궁극적인 목표는 하나님의 아름다움과 영광을 드러내는 것이었다. 그런데 인간에게 죄가 들어오면서 일은 저주가 되고 말았다.

> 아담에게 이르시되 네가 네 아내의 말을 듣고 내가 네게 먹지 말라 한 나무의 열매를 먹었은즉 땅은 너로 말미암아 저주를 받고 너는 네 평생에 수고하여야 그 소산을 먹으리라 땅이 네게 가시덤불과 엉겅퀴를 낼 것이라 네가 먹을 것은 밭의 채소인즉 네가 흙으로 돌아갈 때까지 얼굴 에 땀을 흘려야 먹을 것을 먹으리니 네가 그것에서 취함을 입었음이라 너는 흙이니 흙으로 돌아갈 것이니라 하시니라(창 3:17~19)

인간이 타락했기 때문에 일은 고역이 되었다. 일에 땀과 수고, 가시덤불과 엉겅퀴가 포함되었다. 우리의 현실을 반영하면, 일은 시간 외 노동, 끔찍한 사장님을 견뎌내기, 지긋지긋한 회의에 참석하기 등의 스트레스가 된 것이다.

하나님이 원래 고안하신 일은 선하고 아름답다. 하지만 나에게 닥친 현실이 그렇지 않다면 몹시 혼란스러워진다. 또한 일을 저주로만 생각한다면, 하나님의 영광을 위해 일하는 동안 우리 마음은 지옥을 헤매게 된다. 일은 완전히 선한 것도 아니고 완전히 악한 것도 아니다. 일은 하나님이 원래 고안하신 아름다움과 선도 포함하며, 인간의 타락으로 말미암은 악함도 포함한다. 하나님께서는 지금도 일을 구속하시기 위해 일하신다. 구속이라고 하면 인간의 구원만을 생각하기 쉽다. 하지만 구속은 온 우주 만물에게도 필요하다.

> 피조물이 허무한 데 굴복하는 것은 자기 뜻이 아니요 오직 굴복하게 하시는 이로 말미암음이라 그 바라는 것은 피조물도 썩어짐의 종 노릇 한 데서 해방되어 하나님의 자녀들의 영광의 자유에 이르는 것이니라(롬 8:20~21)

하나님은 우리를 통해 모든 피조물을 새롭게 하기를 원하신다. 하나님이 우리를 그리스도 안에서 구속하실 때, 단순히 우리의 영원한 운명만을 바꿔주신 것이 아니다. 하나님은 우리의 세계관, 삶의 기반, 세상을 바라보는 기준을 다 바꿔주셨다. 구속은 우리의 삶 전체에 영향을 미친다. 하나님의 구속은 우리를 통해서 우리를 둘러싸고 있는 온 세상으로 퍼져나간다.

그리스도의 구속이 삶의 기반 전체를 변화시킨다면, 일에 대한 시각도 바뀌어야 한다. 일은 더 이상 필요악이 아니라 부르심이다. 하나님이 일을 통해 영광을 받으실 수 있기 때문이다. 고린도전서 10:31과 비슷한 명령이 골로새서 3:17에도 나온다. "또 무엇을 하든지 말에나 일에나 다 주 예수의 이름으로 하고 그를 힘입어 하나님 아버지께 감사하라." 당신이 일터에 가는 것은 하나님의 영광을 위하여 가는 것이다. 하나님은 당신이 하는 일뿐만 아니라 일하는 과정을 통해 영광을 받기 원하신다.

우리의 일을 통해 하나님이 영광을 받으실 수 있도록 성경적인 개념 몇 가지를 제안한다.

- 사람을 기쁘게 하려는 것이 아니라 하나님을 기쁘시게 하려고 전심으로 일할 때 하나님이 영광을 받으신다(골 3:23~24).
- 비록 손해를 보더라도 정직할 때 하나님이 영광을 받으신다(창세기 39장; 시편 15장).
- 윗사람을 공경하고 그에게 복종할 때 하나님이 영광을 받으신다(롬 13:7; 딤전 6:1).
- 친절함과 존중함으로 동료들을 대할 때 하나님이 영광을 받으신다(눅 6:31; 롬 12:18).
- 사기나 속임수, 거짓말이나 비윤리적인 행동을 모르는 체하지 않을 때 하나님이 영광을 받으신다(엡 5:11~13).

- 기도하면서 일할 때 하나님이 영광을 받으신다(살전 5:17).
- 우리가 일이나 돈을 우상으로 만들기를 거부할 때 하나님이 영광을 받으신다(전 5:10~12; 마 6:24).
- 성실하고 부지런하게 자신의 미래를 계획할 때 하나님이 영광을 받으신다(잠 21:5).
- 우리가 소박하게 살며 너그럽게 베풀 때 하나님이 영광을 받으신다(잠 2:9; 딤전 6:17~19).
- 하나님이 우리에게 필요한 것을 공급하실 것이라고 믿을 때 하나님이 영광을 받으신다(마 6:11).
- 일을 마치고 안식할 때 하나님이 영광을 받으신다(신 5:13~15; 시 46:10).

이제 어떻게 달라질 수 있을까?

"어떻게 하면 나의 일하는 태도가 달라질 수 있을까?"라는 질문에 대해 네 가지로 답해 보려고 한다.

첫째, 열심히 일하라. 일터에 가면 최선을 다해 일하라. 최고의 피고용인이 되라. 최고의 경영자가 되라. 최고의 조력자가 되라. 어떤 일을 하든지 할 수 있는 한 최고의 사람이 되라. 당신이 일하는 분야에서 가장 정직하고, 겸손하고, 윤리적이며, 탁월한 사람이라는 평가를 받으라. 단지 당신의 경력을 높이기 위해서가 아니라 하나님의 명성을 높이기 위해 최고가 되라. 만일 당신이 늘 지각한다면 동료들에게 복음을 전해도 그들은 당신이 전하는 복음을 받아들이지 않을 것이다. 이런 사람이 되지 않도록 주의하라.

둘째, 일터의 삶이 핑크빛일 것이라는 기대를 버려라. 자신이 예수님을 사랑하기 때문에 모든 것이 잘될 것이라고 무조건 낙관적으로 생각하지 말라. 일을 하다보면 작업 할당량을 채우지 못할 수도 있다. 고객을 놓칠 수

도 있다. 사장과 갈등을 겪을 수도 있고 동료와 마찰을 빚을 수도 있다. 실직을 당할지도 모른다. 그런 일이 있다 해도 하나님이 당신에게 벌주신다고 생각하지 말라. 창세기 3:17~19의 가시덤불과 엉겅퀴를 기억하라. 일은 분명 거룩하지만 인류의 타락으로 저주받았기에 항상 내가 원하는 대로 이루어지지 않을 수도 있다. 하나님의 시각으로 일을 바라보라.

셋째, 십계명 속에서 배워라. 특히 안식일을 기억하여 거룩하게 지켜라. 안식은 매우 영적인 일이다. 하나님은 당신이 평생 일주일에 한 번 안식하도록 제정해놓으셨다. 가서 온 세상 사람으로 제자 삼으라는 명령이나 하나님 한 분만 섬기고 사랑하라는 명령과 마찬가지로 하나님은 당신에게 안식일을 기억하여 거룩하게 지키라고 명령하셨다. 안식일을 지키는 것은 그저 율법적인 것이 아니다. 당신의 삶에 익숙해질 때까지 계속해서 노력해야 한다.

우리는 대개 안식이라고 하면 음악을 듣거나, 텔레비전을 보거나, 게임을 하는 것으로 생각한다. 또는 사람들과 만나 즐겁게 논다든지, 수다를 떤다든지, 재미있는 것으로 바쁘게 지내는 것이 안식이라고 생각한다. 하지만 진정한 안식은 당신이 일주일에 하루를 비워 일로부터 분리되는 것이다. 그날에 그리스도인 형제자매들과 함께 하나님을 예배하고 그들과 교제하라. 가족이 있다면 함께 행복한 시간을 보내라. 산책을 즐기고, 노을을 바라보고, 좋은 책을 읽어라. 만일 직업상 일주일에 하루 온종일 쉴 수 없다면, 한 달에 하루 정도 홀로 조용히 보낼 수 있는 시간을 마련해보라. 당신이 한 달에 하루, 시간을 내어 온 우주 만물을 창조하신 하나님과 친밀한 시간을 보낸다고 해서 죄책감을 느낄 필요는 없다. 그 시간을 즐겨라.

넷째, 주기도문으로 기도하기를 배워라. 예수님은 제자들에게 "이렇게 기도하라"고 기도를 가르치셨다. 우리가 자신의 필요를 위해서만 기도한다면 우리는 자기중심적이고 근시안적인 사람이 될 수밖에 없다. 예수님은 우리가 하나님 아버지의 이름을 위해, 하나님의 나라를 위해, 하나님의 뜻을 위해 기도하도록 기도의 모범을 보여주셨다. 일을 위해 기도하게 되면 일도 하나님과 관계된 것임을 깨닫게 된다. 그러므로 일하기 전, 일하는 도중, 일을 마친 후 주기도문으로 기도하기를 훈련하라. 당신의 뜻에 하나님을 끌어들이려 하지 말고, 하나님이 중심이 되시는 삶에 당신을 드려라.

내 친구 데이비드(David)는 전임사역을 내려놓고 지금은 워싱턴 근교에서 목장을 운영하고 있다. 그는 하나님이 자신을 목장으로 부르셨다고 말했다. 목장을 돌보는 일이 사역자로 섬기는 것보다 하나님을 덜 영화롭게 하는 것이 아니다. 무슨 일을 하든지 부르심을 따라가라. 사도 바울이 골로새 교인들에게 "무슨 일을 하든지 마음을 다하여 주께 하듯 하고 사람에게 하듯 하지 말라 이는 기업의 상을 주께 받을 줄 아나니 너희는 주 그리스도를 섬기느니라"라고 했다(골 3:23~24). 설교를 하든, 캠퍼스 사역을 하든,

가축을 치든, 주식을 팔든 무슨 일을 하든지 주님을 섬기듯 하라. 자, 이제 이 책을 내려놓고 일하러 가라.

이 아티클은 『Cru2 Smart Transition Article』 (서울: 순출판사, 2011), 7~22에서 발췌하여 요약한 것이다.